Obaluaê

Ademir Barbosa Júnior
(Dermes)

SARAVÁ

Obaluaê

© 2014, Editora Anúbis

Revisão:
Tânia Hernandes

Projeto gráfico e capa:
Edinei Gonçalves

Dados Internacionais de Catalogação na Publicação (CIP)
(Câmara Brasileira do Livro, SP, Brasil)

Barbosa Júnior, Ademir
 Saravá Obaluaê / Ademir Barbosa Júnior (Dermes). -- São Paulo: Anúbis, 2014.

 Bibliografia.
 ISBN 978-85-67855-20-2

 1. Obaluaê (Culto) 2. Orixás 3. Umbanda (Culto) I. Título.

14-04754 CDD-299.6

Índices para catálogo sistemático:
1. Orixás : Culto : Religiões de origem
africana   299.6

São Paulo/SP – República Federativa do Brasil
Printed in Brazil – Impresso no Brasil

Este livro segue as novas regras do Acordo Ortográfico da Língua Portuguesa.

Os direitos de reprodução desta obra pertencem à Editora Anúbis. Portanto, não é permitida a reprodução total ou parcial desta obra, de qualquer forma ou por qualquer meio eletrônico, mecânico, inclusive por meio de processos xerográficos, incluindo ainda o uso da internet, sem a permissão expressa por escrito da Editora (Lei nº 9.610, de 19.2.98).

Distribuição exclusiva
Aquaroli Books
Rua Curupá, 801 – Vila Formosa – São Paulo/SP
CEP 03355-010 – Tel.: (11) 2673-3599
atendimento@aquarolibooks.com.br

Para todos os profissionais da Área da Saúde, em especial os terapeutas holísticos.

Atotô, Obaluaê!

Axé!

Obaluaê – Omulu

O Velho caminha
Com brilho nos olhos
E mistérios nas mãos.
Médico dos Pobres,
Senhor da Terra,
Médico de Todos.
Com sua palha
Abafa a doença,
Protege o doente,
Cura o infeliz.
Sisudo e sereno,
Sorrindo por dentro
Acalanta o que morre,
Enterra-lhe o corpo
E encaminha-lhe o espírito.

Velho bonito
Da pele-pipoca.
Estoura a maldade
Restaura o equilíbrio.
Mudança de pele.
Mudança de ares.
Mudança de vida.
O Velho caminha
Mistério nos olhos
E brilho nas mãos.
Veio me ver esta noite
E no sonho, desperto,
Curou-me dos males.
(O Velho é esperto
Esperou-me dormir.)

Ademir Barbosa Júnior
(Dermes)

Sumário

Prece de Cáritas 11
Hino de Umbanda 13
Pai Nosso Umbandista 15
Credo Umbandista 17
Salmo 23 na Umbanda 19
Introdução 21
Orixá 25
Candomblé 31
Umbanda 39
Diversidade 51
Obaluaê 57
Cores 75
Símbolos 77
Sincretismo 81
Comidas e bebidas 87
Corpo humano e chacras 89
Elemento e ponto de força 95
Incompatibilidades 97
Ervas e flores 99
Planeta 103
Algumas qualidades 105
Registros 107

Orações 115
Legislação 121
Bibliografia. 125
O autor 135

Prece de Cáritas

DEUS, nosso Pai, que sois todo poder e bondade, dai força àquele que passa pela provação; dai a luz àquele que procura a verdade, pondo no coração do homem a compaixão e a caridade.

Deus, dai ao viajor a estrela guia; ao aflito, a consolação; ao doente, o repouso. Pai, dai ao culpado o arrependimento; ao espírito, a verdade; à criança, o guia; ao órfão, o pai.

Senhor, que a vossa bondade se estenda sobre tudo o que criaste.

Piedade, Senhor, para aqueles que não vos conhecem; esperança para aqueles que sofrem.

Que a vossa bondade permita aos espíritos consoladores derramarem por toda parte a paz, a esperança e a fé.

Deus, um raio, uma faísca do Vosso Amor pode abrasar a Terra.

Deixa-nos beber nas fontes dessa bondade fecunda e infinita e todas as lágrimas secarão, todas as dores acalmar-se-ão.

Um só coração, um só pensamento subirá até Vós como um grito de reconhecimento e amor.

Como Moisés sobre a montanha, nós Vos esperamos com os braços abertos.

Oh! Poder... Oh! Bondade... Oh! Beleza... Oh! Perfeição... E queremos de alguma sorte alcançar a Vossa Misericórdia.

Deus, dai-nos a força de ajudar o progresso a fim de subirmos até Vós.

Dai-nos a caridade pura; dai-nos a fé e a razão; dai-nos a simplicidade que fará de nossas almas o espelho onde deve refletir a Vossa Santa e Misericordiosa Imagem.

Hino de Umbanda

Refletiu a luz divina
em todo seu esplendor;
é do Reino de Oxalá
onde há Paz e Amor.

Luz que refletiu na terra,
luz que refletiu no mar,
luz que veio de Aruanda
para tudo iluminar.

A Umbanda é Paz e Amor,
é um mundo cheio de luz...
é a força que nos dá vida
e à grandeza nos conduz.

Avante, filhos de fé
como a nossa Lei não há...
levando ao mundo inteiro
a bandeira de Oxalá.

Pai Nosso Umbandista

    Pai nosso que estás nos céus, nas matas, nos mares e em todos os mundos habitados.

    Santificado seja o teu nome, pelos teus filhos, pela natureza, pelas águas, pela luz e pelo ar que respiramos.

    Que o teu reino, reino do bem, do amor e da fraternidade, nos una a todos e a tudo que criaste, em torno da sagrada cruz, aos pés do Divino Salvador e Redentor.

    Que a tua vontade nos conduza sempre para o culto do Amor e da Caridade.

    Dá-nos hoje e sempre a vontade firme para sermos virtuosos e úteis aos nossos semelhantes.

    Dá-nos hoje o pão do corpo, o fruto das matas e a água das fontes para o nosso sustento material e espiritual.

    Perdoa, se merecermos, as nossas faltas e dá-nos o sublime sentimento do perdão para os que nos ofendem.

    Não nos deixes sucumbir, ante a luta, dissabores, ingratidões, tentações dos maus espíritos e ilusões pecaminosas da matéria.

    Envia, Pai, um raio de tua Divina complacência, Luz e Misericórdia para os teus filhos pecadores que aqui habitam, pelo bem da humanidade.

    Que assim seja, em nome de Olorum, Oxalá e de todos os mensageiros da Luz Divina.

Credo Umbandista

Creio em Deus, onipotente e supremo.

Creio nos Orixás e nos Espíritos Divinos que nos trouxeram para a vida por vontade de Deus. Creio nas falanges espirituais, orientando os homens na vida terrena.

Creio na reencarnação das almas e na justiça divina, segundo a lei do retorno.

Creio na comunicação dos Guias Espirituais, encaminhando-nos para a caridade e para a prática do bem.

Creio na invocação, na prece e na oferenda, como atos de fé e creio na Umbanda, como religião redentora, capaz de nos levar pelo caminho da evolução até o nosso Pai Oxalá.

Salmo 23 na Umbanda

Oxalá é meu Pastor, nada me faltará.
Deitar-me faz nos verdes campos de Oxóssi.
Guia-me, Pai Ogum, mansamente nas águas tranquilas de Mãe Nanã Buruquê.
Refrigera minha alma meu Pai Obaluaê.
Guia-me, Mãe Iansã, pelas veredas da Justiça de Xangô.
Ainda que andasse pelo Vale das Sombras e da Morte de meu Pai Omulu, eu não temeria mal algum, porque Zambi está sempre comigo.
A tua vara e o teu cajado são meus guias na direita e na esquerda.
Consola-me, Mamãe Oxum.
Prepara uma mesa cheia de Vida perante mim, minha Mãe Iemanjá.
Exu e Pombagira, vos oferendo na presença de meus inimigos.
Unge a minha coroa com o óleo consagrado a Olorum, e o meu cálice, que é meu coração, transborda.
E certamente a bondade e a misericórdia de Oxalá estarão comigo por todos os dias.
E eu habitarei na casa dos Orixás, que é Aruanda, por longos dias!
Que assim seja!

SARAVÁ!

Introdução

Falar sobre Orixá nunca é fácil, pois o Orixá é sentido e vivido em inúmeras nuanças no cotidiano. Por esse motivo, tenho publicado livros e artigos e produzido DVDs sobre a temática dos Orixás não apenas com os instrumentos do pesquisador, mas, sobretudo, com o apoio da Espiritualidade, por meio de tantos Amigos visíveis e invisíveis. O objetivo nunca é dar a palavra final – pelo contrário, é direcionar o diálogo para sua amplitude e profundidade.

Escrever sobre Obaluaê é escrever sobre saúde, recomeço, resiliência, transcendência, superação. As lições do Velho são incríveis: sempre existe uma saída.

Agradeço a Deus, aos Sagrados Orixás, aos Guias e Guardiões; ao Caboclo Pena Branca, que me mostra o caminho; à Babá Paula, à Mãe Pequena e minha "Madlinha" Vânia, que me ajudam a trilhá-lo; à Babá e também minha Madrinha Marissol Nascimento, presidente da Federação de Umbanda e Candomblé Mãe Senhora Aparecida, pela confiança e pelo amor; a todos os irmãos da Tenda de Umbanda Caboclo Pena Branca e Mãe Nossa Senhora Aparecida, casa da qual sou filho; a Iya Senzaruban, dirigente do Ilê Iya Tunde, casa por onde passei, há alguns anos; a Sávio Gonçalves, irmão de Mucuiú, irmão de Saravá; à Mara Tozatto e Karina Andrade, amigas da Rádio Mundo Aruanda; a meus pais Ademir e Laís; a minha irmã Arianna; à querida Tia Nair Barbosa, dirigente espiritual do antigo Terreiro Caboclo Sete Flechas (Rua Almirante Barroso), de Piracicaba, aonde eu ia pequenininho (A primeira vez que vi o mar foi numa festa de Iemanjá, com o povo dessa casa.) e à querida amiga Norma Cardins, uma das responsáveis pela criação do Memorial de Mãe Menininha, no Gantois, e uma de minhas cicerones pelas ruas de Salvador (BA) em muitas de minhas passagens e estadas naquela que é uma de minhas cidades no mundo.

Gratidão especial a todo elenco, à equipe técnica e aos responsáveis pela trilha do curta-metragem "Mãe dos Peixes, Rainha do Mar" (Bom Olhado Produções, 2013).

Axé!

Ademir Barbosa Júnior
(Dermes)

Ai, ai, ai!
Quando ele veio de Aruanda
Trouxe muito remédio
Dentro da sua capanga.

(Gravado pela banda soteropolitana Motumbá.)

Orixá

A fim de não estender muito o possível debate dialógico, este capítulo procurará apresentar uma visão geral dos Orixás sem alongar-se nas diferenças de conceitos entre Candomblé e Umbanda.

Etimologicamente e em tradução livre, Orixá significa "a divindade que habita a cabeça" (Em iorubá, "ori" é cabeça, enquanto "xá", rei, divindade.), e é associado comumente ao diversificado panteão africano, trazido à América pelos negros escravos. A Umbanda Esotérica, por sua vez, reconhece no vocábulo Orixá a corruptela de "Purushá", significando "Luz do Senhor" ou "Mensageiro do Senhor".

Cada Orixá relaciona-se a pontos específicos da natureza, os quais são também pontos de força de sua atuação. O mesmo vale para os chamados quatro elementos: fogo, terra, ar e água.

Portanto, os Orixás são agentes divinos, verdadeiros ministros da Divindade Suprema (Deus, Princípio Primeiro, Causa Primeira etc.), presentes nas mais diversas culturas e tradições espirituais/religiosas, com nomes e cultos diversos, como os Devas indianos.

Visto que o ser humano e seu corpo estão em estreita relação com o ambiente (O corpo humano em funcionamento contém em si água, ar, componentes associados a terra, além de calor, relacionado ao fogo.), seu Orixá pessoal tratará de cuidar para que essa relação seja a mais equilibrada possível.

Tal Orixá, Pai ou Mãe de Cabeça, é conhecido comumente como Eledá e será responsável pelas características físicas, emocionais, espirituais etc. de seu filho, de modo a espelhar nele os arquétipos de suas características, encontrados nos mais diversos mitos e lendas dos Orixás. Auxiliarão o Eledá nessa tarefa outros Orixás, conhecidos como Juntós, ou Adjuntós, conforme a ordem de influência, e ainda outros.

Na chamada "coroa de um médium de Umbanda" ainda aparecem os Guias e as Entidades, em trama e enredo bastante diversificados. Embora, por exemplo, geralmente se apresente para cada médium um Preto-Velho, há outros que o auxiliam, e esse mesmo Preto-Velho poderá, por razões diversas, dentre elas missão cumprida, deixar seu médium e partir para outras missões, inclusive em outros planos.

De modo geral, a Umbanda não considera os Orixás que descem ao terreiro como energias e/ou forças supremas desprovidas de inteligência e individualidade.

Para os africanos, e tal conceito reverbera fortemente no Candomblé, Orixás são ancestrais divinizados, que incorporam conforme a ancestralidade, as afinidades e a coroa de cada médium.

No Brasil, teriam sido confundidos com os chamados Imolês, isto é, Divindades Criadoras, acima das quais aparece um único Deus: Olorum ou Zâmbi.

Na linguagem e concepção umbandistas, portanto, quem incorpora numa gira de Umbanda não são os Orixás propriamente ditos, mas seus falangeiros, em nome dos próprios

Orixás. Tal concepção está de acordo com o conceito de ancestral (espírito) divinizado (e/ou evoluído) vivenciado pelos africanos que para cá foram trazidos como escravos.

Mesmo que essa visão não seja consensual (Há quem defenda que tais Orixás já encarnaram, enquanto outros segmentos umbandistas – a maioria, diga-se de passagem – rejeitam esse conceito.), ao menos se admite no meio umbandista que o Orixá que incorpora possui um grau adequado de adaptação à energia dos encarnados, o que seria incompatível para os Orixás hierarquicamente superiores.

Na pesquisa feita por Miriam de Oxalá a respeito da ancestralidade e da divinização de ancestrais, aparece, dentre outras fontes, a célebre pesquisadora Olga Guidolle Cacciatore, para quem,

> [...] os Orixás são intermediários entre Olórun, ou melhor, entre seu representante (e filho) Oxalá e os homens. Muitos deles são antigos reis, rainhas ou heróis divinizados, os quais representam as vibrações das forças elementares da Natureza – raios, trovões, ventos, tempestades, água, fenômenos naturais como o arco-íris, atividades econômicas primordiais do homem primitivo – caça, agricultura – ou minerais, como o ferro que tanto serviu a essas atividades de sobrevivência, assim como às de extermínio na guerra. [...]

Entretanto, e como o tema está sempre aberto ao diálogo, à pesquisa, ao registro de impressões, conforme observa o médium umbandista e escritor Norberto Peixoto, é possível incorporar a forma-pensamento de um Orixá, a qual é plasmada e mantida pelas mentes dos encarnados. Em suas palavras,

[...] era dia de sessão de preto(a) velho(a). Estávamos na abertura dos trabalhos, na hora da defumação. O congá 'repentinamente' ficou vibrado com o orixá Nanã, que é considerado a mãe maior dos orixás e o seu axé (força) é um dos sustentadores da egrégora da Casa desde a sua fundação, formando par com Oxóssi. Faltavam poucos dias para o amaci (ritual de lavagem da cabeça com ervas maceradas), que tem por finalidade fortalecer a ligação dos médiuns com os orixás regentes e guias espirituais. Pedi um ponto cantado de Nanã Buruquê, antes dos cânticos habituais. Fiquei envolvido com uma energia lenta, mas firme. Fui transportado mentalmente para a beira de um lago lindíssimo e o orixá Nanã me 'ocupou', como se entrasse em meu corpo astral ou se interpenetrasse com ele, havendo uma incorporação total. (...) Vou explicar com sinceridade e sem nenhuma comparação, como tanto vemos por aí, como se a manifestação de um ou outro (dos espíritos na umbanda versus dos orixás em outros cultos) fosse mais ou menos superior, conforme o pertencimento de quem os compara a uma ou outra religião. A 'entidade' parecia um 'robô', um autômato sem pensamento contínuo, levado pelo som e pelos gestos. Sem dúvida, houve uma intensa movimentação de energia benfeitora, mas durante a manifestação do orixá minha cabeça ficou mentalmente vazia, como se nenhuma outra mente ocupasse o corpo energético do orixá que dançava, o que acabei sabendo depois tratar-se de uma forma-pensamento plasmada e mantida 'viva' pelas mentes dos encarnados.

No cotidiano dos terreiros, por vezes o vocábulo Orixá é utilizado também para Guias. Nessas casas, por exemplo, é comum ouvir alguém dizer antes de uma gira de Pretos-Velhos: "Precisamos preparar mais banquinhos, pois hoje temos muitos médiuns e, portanto, aumentará o número de Orixás em Terra.".

Na compreensão das relações entre os Orixás, as leituras são múltiplas: há, por exemplo, quem considere Inlé e Ibualama Orixás independentes, enquanto outros os associam como qualidades de Oxóssi. Algo semelhante ocorre, dentre outros, com Airá, ora visto como qualidade de Xangô, ora como Orixá a ele associado, e com Aroni, a serviço de Ossaim, ou seu mentor, ou o próprio Ossaim.

Com características muito semelhantes, na tradição Angola cada Orixá é chamado de Inquice. No Candomblé Jeje, Vodum.

Em África eram conhecidos e cultuados centenas de Orixás.

Candomblé

Candomblé é um nome genérico que agrupa o culto aos Orixás jeje-nagô, bem como outras formas que dele derivam ou com eles se interpenetram, as quais se espraiam em diversas nações.

Trata-se de uma religião constituída, com teologia e rituais próprios, que cultua um poder supremo, cujos poder e alcance se fazem espiritualmente mais visíveis por meio dos Orixás.

Sua base é formada por diversas tradições religiosas africanas, destacando-se as da região do Golfo da Guiné, desenvolvendo-se no Brasil a partir da Bahia.

O Candomblé não faz proselitismo e valoriza a ancestralidade, tanto por razões históricas (antepassados africanos) quanto espirituais – filiação aos Orixás, cujas características se fazem conhecer por seus mitos e por antepassados históricos ou semi-históricos divinizados.

Embora ainda discriminado pelo senso comum e atacado por diversas denominações religiosas que o associam à chamada baixa magia, o Candomblé tem cada vez mais reconhecida sua influência em diversos setores da vida social brasileira, dentre outros, a música (percussão, toques, base musical etc.), a culinária (Pratos da cozinha-de-santo que migraram para restaurantes e para as mesas das famílias brasileiras.) e a medicina popular (Fitoterapia e outros).

O Candomblé não existia em África tal qual o conhecemos, uma vez que naquele continente o culto aos Orixás era segmentado por regiões (Cada região e, portanto, famílias/clãs cultuavam determinado Orixá ou apenas alguns.).

No Brasil, os Orixás tiveram seus cultos reunidos em terreiros, com variações, evidentemente, assim como com interpenetrações teológicas e litúrgicas das diversas nações.

Embora haja farta bibliografia a respeito do Candomblé, e muitas de suas festas sejam públicas e abertas a não iniciados, trata-se de uma religião iniciática, com ensino-aprendizagem pautado pela oralidade, com conteúdo exotérico (de domínio público) e esotérico (Segredos os mais diversos transmitidos apenas aos iniciados.).

Conforme sintetiza Vivaldo da Costa Lima,

> [...] a filiação nos grupos de candomblé é, a rigor, voluntária, mas nem por isso deixa de obedecer aos padrões mais ou menos institucionalizados das formas de apelo que determinam a decisão das pessoas de ingressarem, formalmente num terreiro de candomblé, através dos ritos de iniciação. Essas formas de chamamento religioso se enquadram no universo mental das classes e estratos de classes de que provêm a maioria dos adeptos do candomblé, e são, geralmente, interpretações de sinais que emergem dos sistemas simbólicos culturalmente postulados. Sendo um sistema religioso – portanto uma forma de relação expressiva e unilateral com o mundo sobrenatural – o candomblé, como qualquer outra religião iniciática, provê a circunstância em

que o crente poderá, satisfazendo suas emoções e suas outras necessidades existenciais, situar-se plenamente num grupo socialmente reconhecido e aceito, que lhe garantirá status e segurança – que esta parece ser uma das funções principais dos grupos de candomblé – dar a seus participantes um sentido para a vida e um sentimento de segurança e proteção contra 'os sofrimentos de um mundo incerto'.

Formação

O Culto aos Orixás, pelos africanos no Brasil, tem uma longa história de resistência e sincretismo, que, impedidos de cultuar os Orixás, valiam-se de imagens e referências católicas para manter viva a sua fé.

Por sua vez, a combinação de cultos que deu origem ao Candomblé, deveu-se ao fato de serem agregados numa mesma propriedade (E, portanto, na mesma senzala.) escravos provenientes de diversas nações, com línguas e costumes diferentes – certamente uma estratégia dos senhores brancos para evitar revoltas, além de uma tentativa de fomentar rivalidades entre os próprios africanos. Vale lembrar que em África o culto aos Orixás era segmentado por regiões: cada região cultuava determinado Orixá ou apenas alguns.

Em 1830, algumas mulheres originárias de Ketu, na Nigéria, filiadas à irmandade de Nossa Senhora da Boa Morte, reuniram-se para estabelecer uma forma de culto que preservasse as tradições africanas em solo brasileiro. Reza a tradição e documentos históricos que tal reunião aconteceu na antiga Ladeira do Bercô (Hoje, Rua Visconde de Itaparica.), nas proximidades da Igreja da Barroquinha, em Salvador (BA). Nesse grupo, e com o auxílio do africano Baba-Asiká, destacou-se Íyànàssó Kalá ou Oká (Iya Nassô). Seu òrúnkó no Orixá (nome iniciático) era Íyàmagbó-Olódùmarè.

Para conseguir seu intento, essas mulheres buscaram fundir aspectos diversos de mitologias e liturgias, por exemplo. Uma vez distantes da África, a Ìyá ìlú àiyé èmí (Mãe Pátria Terra da Vida), teriam de adaptar-se ao contexto local, não cultuando necessariamente apenas Orixás locais (Caraterísticos de tribos, cidades e famílias específicas.) em espaços amplos, como a floresta, cenário de muitas iniciações, porém num espaço previamente estabelecido: a casa de culto. Nessa reprodução em miniatura da África, os Orixás seriam cultuados em conjunto. Nascia o Candomblé.

Ao mesmo tempo em que designava as reuniões feitas por escravos com o intuito de louvar os Orixás, a palavra Candomblé também era empregada para toda e qualquer reunião ou festa organizada pelos negros no Brasil. Por essa razão, antigos Babás e Iyas evitavam chamar o culto aos Orixás de Candomblé.

Em linhas gerais, Candomblé seria uma corruptela de "candonbé" (Atabaque tocado pelos negros de Angola.) ou viria de "candonbidé" (Louvar ou pedir por alguém ou por algo.).

Cada grupo com características próprias teológicas, linguísticas e de culto, embora muitas vezes se interpenetrem, ficou conhecido como nação:

- Nação Ketu;
- Nação Angola;
- Nação Jeje;

- Nação Nagô;
- Nação Congo;
- Nação Muxicongo;
- Nação Efon.

Constituída por grupos que falavam iorubá, dentre eles os de Oyó, Abeokutá, Ijexá, Ebá e Benim, a Nação Ketu também é conhecida como Alaketu.

Os iorubás, guerreando com os jejes, em África, perderam e foram escravizados, vindo mais adiante para o Brasil. Maltratados, foram chamados pelos fons de ànagô (Dentre várias acepções, piolhentos, sujos.). O termo, com o tempo, modificou-se para nàgó e foi incorporado pelos próprios iorubás como marca de origem e de forma de culto. Em sentido estrito, não há uma nação política chamada nagô.

Em linhas gerais, os Candomblés dos estados da Bahia e do Rio de Janeiro ficaram conhecidos como de Nação Ketu, com raízes iorubanas. Entretanto, existem variações em cada nação. No caso do Ketu, por exemplo, destacam-se a Nação Efan e a Nação Ijexá. Efan é uma cidade da região de Ijexá, nas proximidades de Oxogbô e do rio Oxum, na Nigéria. A Nação Ijexá é conhecida pela posição de destaque que nela possui o Orixá Oxum, sua rainha.

No caso do Candomblé Jeje, por exemplo, uma variação é o Jeje Mahin, sendo Mahin uma tribo que havia nas proximidades da cidade de Ketu. Quanto às Nações Angola e Congo, seus Candomblés se desenvolveram a partir dos cultos de escravos provenientes dessas regiões africanas.

De fato, a variação e o cruzamento de elementos de Nações não são estanques, como demonstram o Candomblé

Nagô-Vodum, o qual sintetiza costumes iorubás e jeje, e o Alaketu, de nação iorubá, também da região de Ketu, tendo como ancestrais da casa Otampé, Ojaró e Odé Akobí.

Primeiros terreiros

A primeira organização de culto aos Orixás foi a da Barroquinha (Salvador/BA), em 1830, semente do Ilê Axé Iya Nassô Oká, uma vez que foi capitaneada pela própria Iya Nassô, filha de uma escrava liberta que retornou à África.

Posteriormente, foi transferida para o Engenho Velho, onde ficou conhecida como Casa Branca ou Engenho Velho. Ainda no século XIX, dela originou-se o Candomblé do Gantois e, mais adiante, o Ilê Axé Opô Afonjá.

Entre 1797 e 1818, Nan Agotimé, rainha-mãe de Abomé, teria trazido o culto dos Voduns jejes para a Bahia, levando-os a seguir para São Luís (MA). Traços da presença daomeana teriam permanecido no Bogum, antigo terreiro jeje de Salvador, o qual ostenta, ainda, o vocábulo "malê", bastante curioso, uma vez que o termo refere-se ao negro do Islã. Antes mesmo do Bogum, há registros de um terreiro jeje, em 1829, no bairro hoje conhecido como Acupe de Brotas.

Tumbensi é a casa de Angola considerada a mais antiga da Bahia, fundada por Roberto Barros Reis (dijina: Tata Kimbanda Kinunga) por volta de 1850, escravo angolano de propriedade da família Barros Reis, que lhe emprestou o nome pelo qual era conhecido.

Após seu falecimento, a casa (inzo) passou à liderança de Maria Genoveva do Bonfim, mais conhecida como Maria

Neném (dijina: Mam´etu Tuenda UnZambi) gaúcha, filha de Kavungo, considerada a mais importante sacerdotisa do Candomblé Angola. Ela assumiu a chefia da casa por volta dos anos 1909, vindo a falecer em 1945.

Já o Tumba Junçara foi fundado, em 1919 em Acupe, na Rua Campo Grande, Santo Amaro da Purificação (BA) por dois irmãos de esteira: Manoel Rodrigues do Nascimento (dijina: Kambambe) e Manoel Ciríaco de Jesus (dijina: Ludyamungongo), ambos iniciados em 13 de junho de 1910 por Mam'etu Tuenda UnZambi, Mam'etu Riá N'Kisi do Tumbensi.

Kambambe e Ludyamungongo tiveram Sinhá Badá como Mãe Pequena e Tio Joaquim como Pai Pequeno. O Tumba Junçara foi transferido para Pitanga, também em Santo Amaro da Purificação, e posteriormente para o Beiru.

A seguir foi novamente transferido para a Ladeira do Pepino, 70, e finalmente para Ladeira da Vila América, 2, Travessa 30, Avenida Vasco da Gama (Que hoje se chama Vila Colombina.), 30, em Vasco da Gama, Salvador (BA). E assim a raiz foi-se espalhando.

O histórico das primeiras casas de Candomblé e outras formas de culto marginalizadas pelo poder constituído (Estado, classes economicamente dominantes, Igreja etc.), como a Umbanda no século XX, assemelha-se pela resistência à repressão institucionalizada e ao preconceito.

Umbanda

Em linhas gerais, etimologicamente, Umbanda é vocábulo que decorre do Umbundo e do Quimbundo, línguas africanas, com o significado de "arte de curandeiro", "ciência médica", "medicina". O termo passou a designar, genericamente, o sistema religioso que, dentre outros aspectos, assimilou elementos religiosos afro-brasileiros ao espiritismo urbano (Kardecismo).[1]

Quanto ao sentido espiritual e esotérico, Umbanda significa "luz divina" ou "conjunto das leis divinas". A magia branca praticada pela Umbanda remontaria, assim, a outras eras do planeta, sendo denominada pela palavra sagrada Aumpiram, transformada em Aumpram e, finalmente, Umbanda.

De qualquer maneira, houve quem tivesse anotado, durante a incorporação do Caboclo das Sete Encruzilhadas anunciando o nome da nova religião, o nome "Allabanda", substituído por "Aumbanda", em sânscrito, "Deus ao nosso lado." ou "O lado de Deus.".

A Umbanda, assim como o Candomblé, é religião, e não seita. "Seita" geralmente refere-se pejorativamente a grupos

---
1. Embora não seja consenso o uso do termo "Kardecismo" como sinônimo de "Espiritismo", ele é aqui empregado por ser mais facilmente compreendido.

de pessoas com práticas espirituais que destoam das ortodoxas. A Umbanda é uma religião constituída, com fundamentos, teologia própria, hierarquia, sacerdotes e sacramentos. Suas sessões são gratuitas, voltadas ao atendimento holístico (corpo, mente, espírito) e à prática da caridade (fraterna, espiritual, material), sem proselitismo. Em sua liturgia e em seus trabalhos espirituais vale-se do uso dos quatro elementos básicos: fogo, terra, ar e água.

É muito interessante fazer o estudo comparativo da utilização dos elementos, tanto por encarnados como pela Espiritualidade, na Umbanda, no Candomblé, no Xamanismo, na Wicca, no Espiritismo (Vide obra de André Luiz.), na Liturgia Católica (Leia-se o trabalho de Geoffrey Hodson, sacerdote católico liberal.) etc.

Este é um breve histórico do nascimento oficial da Umbanda, embora, antes da manifestação do Caboclo das Sete Encruzilhadas e do trabalho de Zélio Fernandino, houvesse atividades religiosas semelhantes ou próximas, no que se convencionou chamar de macumba[2].

No Astral, a Umbanda antecipa-se em muito ao ano de 1908 e diversos segmentos localizam sua origem terrena em civilizações e continentes que já desapareceram.

Zélio Fernandino de Moraes, um rapaz de 17 anos que se preparava para ingressar na Marinha, em 1908 começou a ter aquilo que a família, residente em Neves, no Rio de Janeiro, considerava ataques. Os supostos ataques colocavam o rapaz na postura de um velho, que parecia ter vivido em outra época e dizia coisas incompreensíveis para os familiares;

---

2. O termo aqui não possui obviamente conotação negativa.

noutros momentos, Zélio parecia uma espécie de felino que demonstrava conhecer bem a natureza.

Após minucioso exame, o médico da família aconselhou que fosse ele atendido por um padre, uma vez que considerava o rapaz possuído. Um familiar achou melhor levá-lo a um centro espírita, o que realmente aconteceu: no dia 15 de novembro, Zélio foi convidado a tomar assento à mesa da sessão da Federação Espírita de Niterói, presidida à época por José de Souza.

Tomado por força alheia à sua vontade e infringindo o regulamento que proibia qualquer membro de ausentar-se da mesa, Zélio levantou-se e declarou: "Aqui está faltando uma flor.".

Deixou a sala, foi até o jardim e voltou com uma flor, que colocou no centro da mesa, o que provocou alvoroço. Na sequência dos trabalhos, manifestaram-se nos médiuns espíritos apresentando-se como negros escravos e índios.

O diretor dos trabalhos, então, alertou os espíritos sobre seu atraso espiritual, como se pensava comumente à época, e convidou-os a se retirarem. Novamente uma força tomou Zélio e advertiu: "Por que repelem a presença desses espíritos, se sequer se dignaram a ouvir suas mensagens? Será por causa de suas origens sociais e da cor?".

Durante o debate que se seguiu, procurou-se doutrinar o espírito, que demonstrava argumentação segura e sobriedade. Um médium vidente, então, lhe perguntou: "Por que o irmão fala nestes termos, pretendendo que a direção aceite a manifestação de espíritos que, pelo grau de cultura que tiveram, quando encarnados, são claramente atrasados? Por que fala deste modo, se estou vendo que me dirijo neste momento a um jesuíta e a sua veste branca reflete uma aura de luz? E qual o seu nome, irmão?".

Ao que o interpelado respondeu: "Se querem um nome, que seja este: sou o Caboclo das Sete Encruzilhadas, porque para mim, não haverá caminhos fechados. O que você vê em mim, são restos de uma existência anterior. Fui padre e o meu nome era Gabriel Malagrida. Acusado de bruxaria, fui sacrificado na fogueira da Inquisição em Lisboa, no ano de 1761. Mas em minha última existência física, Deus concedeu-me o privilégio de nascer como caboclo brasileiro.".

A respeito da missão que trazia da Espiritualidade, anunciou: "Se julgam atrasados os espíritos de pretos e índios, devo dizer que amanhã estarei na casa de meu aparelho, às 20 horas, para dar início a um culto em que estes irmãos poderão dar suas mensagens e, assim, cumprir a missão que o Plano Espiritual lhes confiou. Será uma religião que falará aos humildes, simbolizando a igualdade que deve existir entre todos os irmãos, encarnados e desencarnados.".

Com ironia, o médium vidente perguntou-lhe: "Julga o irmão que alguém irá assistir a seu culto?".

O Caboclo das Sete Encruzilhadas lhe respondeu: "Cada colina de Niterói atuará como porta-voz, anunciando o culto que amanhã iniciarei.". E concluiu: "Deus, em sua infinita Bondade, estabeleceu que na morte, a grande niveladora universal, rico ou pobre, poderoso ou humilde, todos se tornariam iguais, mas vocês, homens preconceituosos, não contentes em estabelecer diferenças entre os vivos, procuram levar essas mesmas diferenças até mesmo além da barreira da morte. Por que não podem nos visitar esses humildes trabalhadores do espaço, se apesar de não haverem sido pessoas socialmente importantes na Terra, também trazem importantes mensagens do além?".

No dia seguinte, 16 de novembro, na casa da família de Zélio, à rua Floriano Peixoto, 30, perto das 20 horas, estavam os parentes mais próximos, amigos, vizinhos, membros da Federação Espírita e, fora da casa, uma multidão.

Às 20 horas manifestou-se o Caboclo das Sete Encruzilhadas e declarou o início do novo culto, no qual os espíritos de velhos escravos, que não encontravam campo de atuação em outros cultos africanistas, bem como de indígenas nativos do Brasil trabalhariam em prol dos irmãos encarnados, independentemente de cor, raça, condição social e credo.

No novo culto, encarnados e desencarnados atuariam motivados por princípios evangélicos e pela prática da caridade.

O Caboclo das Sete Encruzilhadas também estabeleceu as normas do novo culto: as sessões seriam das 20 horas às 22 horas, com atendimento gratuito e os participantes uniformizados de branco. Quanto ao nome, seria Umbanda: Manifestação do Espírito para a Caridade.

A casa que se fundava teria o nome de Nossa Senhora da Piedade, inspirada em Maria, que recebeu os filhos nos braços. Assim, a casa receberia todo aquele que necessitasse de ajuda e conforto. Após ditar as normas, o Caboclo respondeu a perguntas em latim e alemão formuladas por sacerdotes ali presentes. Iniciaram-se, então, os atendimentos, com diversas curas, inclusive a de um paralítico.

No mesmo dia, manifestou-se em Zélio um Preto-Velho chamado Pai Antônio, o mesmo que havia sido considerado efeito da suposta loucura do médium.

Com humildade e aparente timidez, recusava-se a sentar-se à mesa, com os presentes, argumentando: "Nêgo num senta não, meu sinhô, nêgo fica aqui mesmo. Isso é coisa de sinhô branco e nêgo deve arrespeitá.". Após insistência dos presentes, respondeu: "Num carece preocupá, não. Nêgo fica no toco, que é lugá de nêgo.".[3]

Continuou com palavras de humildade, quando alguém lhe perguntou se sentia falta de algo que havia deixado na Terra, ao que ele respondeu: "Minha cachimba. Nêgo qué o pito que deixou no toco. Manda mureque buscá.".

Solicitava, assim, pela primeira vez, um dos instrumentos de trabalho da nova religião. Também foi o primeiro a solicitar uma guia, até hoje usada pelos membros da Tenda, conhecida carinhosamente como Guia de Pai Antônio.

No dia seguinte, houve verdadeira romaria à casa da família de Zélio. Enfermos encontravam a cura, todos se sentiam confortados, médiuns até então considerados loucos encontravam terreno para desenvolver os dons mediúnicos.

O Caboclo das Sete Encruzilhadas dedicou-se, então, a esclarecer e divulgar a Umbanda, auxiliado diretamente por Pai Antônio e pelo Caboclo Orixá Malê, experiente na anulação de trabalhos de baixa magia.

No ano de 1918, o Caboclo das Sete Encruzilhadas recebeu ordens da Espiritualidade para fundar sete tendas, assim denominadas: Tenda Espírita Nossa Senhora da Guia, Tenda Espírita Nossa Senhora da Conceição, Tenda Espírita Santa Bárbara, Tenda Espírita São Pedro, Tenda Espírita Oxalá,

---
3. Certamente trata-se de um convite à humildade, e não de submissão e dominação racial.

Tenda Espírita São Jorge e Tenda Espírita São Jerônimo. Durante a encarnação de Zélio, a partir dessas primeiras tendas, foram fundadas outras 10 mil.

Mesmo não seguindo a carreira militar, pois o exercício da mediunidade não lhe permitira, Zélio nunca fez da missão espiritual uma profissão. Pelo contrário, chegava a contribuir financeiramente, com parte do salário, para as tendas fundadas pelo Caboclo das Sete Encruzilhadas, além de auxiliar os que se albergavam em sua casa. Também por conselho do Caboclo, não aceitava cheques e presentes.

Por determinação do Caboclo, a ritualística era simples: cânticos baixos e harmoniosos, sem palmas ou atabaques, sem adereços para a vestimenta branca e, sobretudo, sem corte (sacrifício de animais). A preparação do médium pautava-se pelo conhecimento da doutrina, com base no Evangelho, banhos de ervas, amacis e concentração nos pontos da natureza.

Com o tempo e a diversidade ritualística, outros elementos foram incorporados ao culto, no que tange ao toque, canto e palmas, às vestimentas e mesmo a casas de sacerdotes umbandistas que passaram a dedicar-se integralmente ao culto, cobrando, por exemplo, pelo jogo de búzios onde o mesmo é praticado, porém sem nunca deixar de atender àqueles que não podem pagar pelas consultas.

Mas as sessões permanecem públicas e gratuitas, pautadas pela caridade, pela doação dos médiuns. Algumas casas, por influência dos Cultos de Nação, praticam o corte, contudo essa é uma das maiores diferenças entre a Umbanda dita tradicional e as casas que se utilizam de tal prática.

Depois de 55 anos à frente da Tenda Nossa Senhora da Piedade, Zélio passou a direção para as filhas Zélia e Zilméa, continuando, porém, a trabalhar juntamente com sua esposa, Isabel (médium do Caboclo Roxo), na Cabana de Pai Antônio, em Boca do Mato, em Cachoeira de Macacu, no Rio de Janeiro.

Zélio Fernandino de Moraes faleceu no dia 03 de outubro de 1975, após 66 anos dedicados à Umbanda, que muito lhe agradece.

Embora chamada popularmente de religião de matriz africana, na realidade, a Umbanda é um sistema religioso formado de diversas matrizes, com diversos elementos cada:

Matrizes	Elementos mais conhecidos
Africanismo	Culto aos Orixás, trazidos pelos negros escravos, em sua complexidade cultural, espiritual, medicinal, ecológica etc. e culto aos Pretos-Velhos.
Cristianismo	Uso de imagens, orações e símbolos católicos. A despeito de existir uma Teologia de Umbanda, própria e característica, algumas casas vão além do sincretismo, utilizando-se mesmo de dogmas católicos.[4]
Indianismo	Pajelança; emprego da sabedoria indígena ancestral em seus aspectos culturais, espirituais, medicinais, ecológicos etc.; culto aos caboclos indígenas ou de pena.

---

4. Há, por exemplo, casas de Umbanda com fundamentos teológicos próprios, enquanto outras rezam o terço com os mistérios baseados nos dogmas católicos e/ou se utilizam do Credo Católico, onde se afirma a fé na Igreja Católica (Conforme indicam Guias, Entidades e a própria etimologia, leia-se "católica" como "universal", isto é, a grande família humana.), na Comunhão dos Santos, na ressurreição da carne, dentre outros tópicos da fé católica. Isso em nada invalida a fé, o trabalho dos Orixás, das Entidades, das Egrégoras de Luz formadas pelo espírito, e não pela letra da recitação amorosa e com fé do Credo Católico.

Matrizes	Elementos mais conhecidos
Kardecismo	Estudo dos livros da Doutrina Espírita, bem como de sua vasta bibliografia; manifestação de determinados espíritos e suas Egrégoras, mais conhecidas no meio Espírita, como os médicos André Luiz e Bezerra de Menezes. Utilização de imagens e bustos de Allan Kardec, Bezerra de Menezes e outros; estudo sistemático da mediunidade; palestras públicas.
Orientalismo	Estudo, compreensão e aplicação de conceitos como prana, chacra e outros; culto à Linha Cigana – que em muitas casas vem, ainda, em linha independente, dissociada da chamada Linha do Oriente.

Por seu caráter ecumênico, de flexibilidade doutrinária e ritualística, a Umbanda é capaz de reunir elementos os mais diversos, como os sistematizados.

Mais adiante, ao se tratar das Linhas da Umbanda, veremos que esse movimento agregador é incessante: como a Umbanda permanece de portas abertas aos encarnados e aos espíritos das mais diversas origens étnicas e evolutivas, irmãos de várias religiões chegam aos seus templos em busca de saúde, paz e conforto espiritual, bem como outras falanges espirituais juntam-se à sua organização.

Aspectos da Teologia de Umbanda

Monoteísmo	Crença num Deus único (Princípio Primeiro, Energia Primeira etc.), conhecido principalmente como Olorum (influência iorubá) ou Zâmbi (influência Angola).

Aspectos da Teologia de Umbanda

Crença nos Orixás	Divindades/ministros de Deus, ligadas a elementos e pontos de força da natureza, orientadores dos Guias e das Entidades, bem como dos encarnados.
Crença nos Anjos	Enquanto figuras sagradas (e não divinas) são vistas ou como seres especiais criados por Deus (Influência do Catolicismo.), ou como espíritos bastante evoluídos (Influência do Espiritismo/Kardecismo.).
Crença em Jesus Cristo	Vindo na Linha de Oxalá e, por vezes, confundido com o próprio Orixá, Jesus é visto ou como Filho Único e Salvador (Influência do Catolicismo/do Cristianismo mais tradicional.), ou como o mais evoluído dos espíritos que encarnaram no planeta, do qual, aliás, é governador (Influência do Espiritismo/Kardecismo.).
Crença na ação dos espíritos	Os espíritos, com as mais diversas vibrações, agem no plano físico. A conexão com eles está atrelada à vibração de cada indivíduo, razão pela qual é necessário estar sempre atento ao "Orai e vigiai." preconizado por Jesus.
Crença nos Guias e nas Entidades	Responsáveis pela orientação dos médiuns, dos terreiros, dos consulentes e outros, sua atuação é bastante ampla. Ao auxiliarem a evolução dos encarnados, colaboram com a própria evolução.
Crença na reencarnação	As sucessivas vidas contribuem para o aprendizado, o equilíbrio e a evolução de cada espírito.

Aspectos da Teologia de Umbanda

Crença na Lei de Ação e Reação	Tudo o que se planta, se colhe. A Lei de Ação e Reação é respaldada pelo princípio do livre-arbítrio.
Crença na mediunidade	Todos somos médiuns, com dons diversos (de incorporação, de firmeza, de intuição, de psicografia etc.).

Diversidade

Nas religiões de matriz africana há uma diversidade muito grande: do Candomblé para Umbanda; de casa da mesma religião para outra casa; de região para região; de qualidade de um Orixá para outra do mesmo Orixá etc.

Além disso, por razões históricas, culturais e de resistência e manutenção do culto, os adeptos precisaram (e precisam) se adaptar constantemente. Nem sempre, por exemplo, o que se fazia em África, ou na senzala, é feito, hoje, numa Casa de Santo.

Nada no culto aos Orixás é feito sem orientação direta da própria Espiritualidade ou dos dirigentes espirituais. Uma planta que serve para banho nem sempre serve para outra função. Existem as incompatibilidades e as particularidades de cada qualidade de Orixá. O nome de uma planta votiva pode mudar em outras regiões.

Enfim, as diversidades precisam ser respeitadas. Considerando-as como foco para a unidade; não se deve aventurar-se em qualquer prática sem a devida orientação, a fim de não haver choque energético. A sabedoria pressupõe humildade, diálogo e paciência.

Com diferenças de fundamentos, litúrgicas, culto e, consequentemente, na forma de se trabalhar as qualidades dos Orixás, Candomblé e Umbanda caminham juntos, lado a lado, como religiões irmãs. Ou assim deveria ser.

A fim de contribuir para o diálogo, vejam-se os textos seguintes.

Juntos somos mais fortes

É fato que as Religiões de Matriz Africana são alvo de preconceito, discriminação e intolerância, em vários níveis, por grande parte da sociedade. Contudo, o que mais fere e enfraquece é a desunião entre irmãos.

Enquanto umbandistas pensarem e declararem "Eu não gosto do Candomblé!" ou "Se o pessoal do Candomblé for, eu não vou..."; enquanto candomblecistas acreditarem e afirmarem "A Umbanda é fraquinha..." ou "Essas umbandinhas que estão por aí...", dificilmente caminharemos juntos sob o manto branco de Oxalá.

Dias desses ouvi alguém dizendo a um irmão de outra casa: "Embora não seja a forma de sincretismo como o Orixá é tratado em nossa casa, gostaria de parabenizar etc...". Ora, como posso ir ao encontro de um irmão iniciando meu gesto com um "embora" ou um "apesar de"? Onde está o respeito à diversidade? Essa inconsciência me lembrou da fala de um amigo reverendo anglicano, que comentava o quanto é triste ver irmãos católicos romanos presentes em ordenações de reverendas anglicanas negando-se a participar da mesa da comunhão.

Aceitar e respeitar a diversidade não significa perder a identidade.

Umbandistas e candomblecistas, se vivenciarmos o respeito entre nós, o amor e o diálogo cidadão e legal (em todos os sentidos) certamente se propagarão em outras esferas.

Juntos, somos mais fortes.

Sobre a expressão "Religiões de Matriz Africana"

Embora o mais comum seja referir-se hoje ao Candomblé, à Umbanda e a outras religiões similares como Religiões Tradicionais de Terreiro, ainda é bastante empregada a expressão Religiões de Matriz Africana, embora esta matriz não seja a única a constituir tais religiões.

Nesse sentido, é bastante esclarecedor o questionamento do professor Ildásio Tavares, em seu livro Xangô, da Editora Pallas (2008), no qual procura denominar as religiões de terreiro como jeje-nagôs-brasileiras, o que, pelo último termo, a meu ver, incluiria também a Nação Angola:

Os nomes que não nomeiam

Fala-se com muita segurança, empáfia (e até injúria) em religião negra, religião africana, religião afro-brasileira, ou culto, mais pejorativamente. Essa terminologia é facciosa, discriminatória, preconceituosa, redutiva e falsa. Auerbach dizia que os maus termos, em ciência, são mais danosos que as nuvens à navegação. Negro é um termo que toma por parâmetro uma cor de pele que nem sequer é negra. Que seria religião negra? Aquela praticada por negros, apenas, ou aquela criada por negros e praticada por brancos, negros mulatos ou alguém com algum dos 514 tipos de cor achados no Brasil por Herskovits? Religião negra é um termo evidentemente racista quer usado pelos brancos para discriminar e inferiorizar o negro, quer usado pelo negro para se autodiscriminar defensivamente com uma reserva de domínio rácico e cultural.

Africano é absurdamente generalizante, na medida em que subsume uma extraordinária pluralidade e diversidade cultural em um rótulo simplista e unívoco. Nelson Mandela é frequentemente mencionado como um líder africano. Jamais alguém chamaria Adolf Hitler de um líder europeu ou de um líder branco apesar de este ser um defensor da superioridade dos arianos que não são necessariamente brancos, vez que a maioria dos judeus é de brancos, assim como os poloneses; e Hitler os tinha como inferiores, perniciosos e queria eliminá-los da face da Terra. Este rótulo redutivo lembra-me o episódio de nosso grotesco e absurdo presidente Jânio Quadros chamando o intelectual sergipano Raimundo de Souza Dantas, para ser embaixador do Brasil na África por ele ser de pele escura. Quando o perplexo Raimundo replicou: "Excelência, a África é um continente! Como posso ser embaixador do Brasil em um continente?" O burlesco presidente respondeu: "Não importa, o senhor vai ser embaixador do Brasil na África.". E foi. Sediado em Gana.

Este é o típico exemplo de absurdo brasileiro, de seu surrealismo de hospício que muitos adotam como postura científica, para empulhar os tolos, os ingênuos e os incautos, armadilha perpetrada por canalhas para capturar os obtusos, diria Rudyard Kipling ao deixar o colonialismo para definir o Super Homem.

O rótulo afro-brasileiro também é falacioso. Aprendi no curso primário que o povo brasileiro está composto basicamente de três etnias: a dos índios, vermelha; a dos europeus, branca, e a dos africanos, preta. Por definição, portanto, brasileiro é a combinação de índio, africano e europeu, branco, vermelho e preto em proporções variáveis, é claro. Já se disse, jocosamente, que as árvores genealógicas no Brasil (em sua maioria ginecológicas, matrilineares) ou dão no matou ou na cozinha, ou dão em índio ou em negro, para satirizar a falsa, a ansiada brancura de nosso povo que nem a importação de italianos e alemães conseguiu satisfazer, muito pelo contrário, eles é que escureceram, ao menos culturalmente, assim como os amarelos, haja vista a presença de babalorixás na Liberdade, São Paulo, no Paraná e em Santa Catarina, para não falar de Escolas de Samba de olhos oblíquos.

Ora, se brasileiro já quer dizer parte africano, afro-brasileiro é redundante. Resolvendo a equação, temos: B = A + I + E, ou seja, Brasileiro é igual a africano + índio + europeu. Logo AB (Afro-brasileiro) será igual a A + AIB (Africano + Índio + Brasileiro). Tem africano demais nessa equação. Eliminando o termo igual, discriminaremos o Afro-brasileiro. A única solução é especificar a origem cultural (ou etnográfica, se quiserem) da religião. Para mim seria adequado dizer-se religiões brasileiras de origem africana, índia ou judaico-europeias, todas nossas. Mas como seria longo demais e detesto siglas, prefiro falar religiões jeje-nagôs-brasileira. É mais adequado. Pode não ser preciso. Mas a precisão é um desiderato dos relógios suíços, dos mísseis, dos navios que não afundam e dos filósofos positivistas. Não tenho simpatia por nenhum dos quatro.

Obaluaê

Obaluaê, com as variações de Obaluaiê e Abaluaiê, tem culto originário no Daomé.

Filho de Nanã, irmão de Iroko e Oxumaré, tem o corpo e o rosto cobertos por palha-da-costa, a fim de esconder as marcas da varíola; ou, sendo outras lendas, por ter o brilho do próprio Sol e não poder ser olhado de frente.

Foi criado por Iemanjá, pois Nanã o rejeitara por ser feio, manco e com o corpo coberto de feridas.

Orixá responsável pelas passagens de plano para plano, de dimensão para dimensão, da carne para o espírito, do espírito para a carne.

Também é responsável pela saúde e pelas doenças e possui estreita ligação com a morte. Enquanto sua mãe se responsabiliza pela decantação dos espíritos que reencarnarão, Obaluaê estabelece o cordão energético que une espírito e feto que será recebido no útero materno assim que tiver o desenvolvimento celular básico – vale dizer, o dos órgãos físicos.

Em linhas gerais, Obaluaê é a forma mais velha do Orixá, enquanto Omulu é sua versão mais jovem, embora para a maioria as figuras e os arquétipos sejam idênticos. Conhecido como médico dos pobres, com seu xaxará – feixe de piaçavas ou maço de palhas-da-costa, enfeitado com búzios e miçangas –, afasta as enfermidades, trazendo a cura.

Também é o guardião das almas que ainda não se libertaram do corpo físico e senhor da calunga (cemitério).

Os falangeiros do Orixá são os responsáveis por desligar o chamado cordão de prata, fios de agregação astral-físicos, responsável pela ligação entre o perispírito e o corpo carnal. Atuam em locais de manifestação do pré e do pós-morte, tais como hospitais, necrotérios e outros, com vistas a não permitir que espíritos vampirizadores se alimentem do duplo etérico dos desencarnados ou dos que estão próximos do desencarne. Além disso, auxiliam os profissionais da área da saúde, de terapias holísticas e afins, bem como aliviam as dores dos que padecem.

Os Inquices são divindades dos cultos de origem banta. Correspondem aos Orixás iorubanos e da Nação Ketu. Dessa forma, por paralelismo, os Inquices, em conversas do povo-de-santo aparecem como sinônimos de Orixás.

Também entre o povo-de-santo, quando se usa o termo Inquice, geralmente se refere aos Inquices masculinos, ao passo que Inquice Amê refere-se aos Inquices femininos.

O vocábulo Inquice vem do quimbundo *Nksi* (plural: *Mikisi*), significando "Energia Divina".

Kavungo (Kaviungo, Kafungê, Kafunjê ou Kikongo) é o Inquice que corresponde ao Orixá Obaluaê.

Vodum é divindade do povo Fon (antigo Daomé). Refere-se tanto aos ancestrais míticos quanto aos ancestrais históricos. No cotidiano dos terreiros, por paralelismo, o vocábulo é empregado também como sinônimo de Orixá (É bastante evidente a semelhança de características entre os mais conhecidos Orixás, Inquices e Voduns.). "Vodum" é a forma aportuguesada de "vôdoun".

Ji-vodun	Voduns do alto, chefiados por Sô (Heviossô).
Ayi-vodun	Voduns da terra, chefiados por Sakpatá.
Tô-vodun	Voduns próprios de determinada localidade. Diversos.
Henu-vodun	Voduns cultuados por certos clãs que se consideram seus descendentes. Diversos.

Mawu (gênero feminino) é o Ser Supremo dos povos Ewe e Fon, que criou a Terra, os seres vivos e os voduns. Mawu associa-se a Lissá (gênero masculino), também responsável pela criação, e os voduns são filhos e descendentes de ambos. A divindade dupla Mawu-Lissá é chamada de Dadá Segbô (Grande Pai Espírito Vital).

Sakpatá é o Vodum que corresponde a Obaluaê.

A respeito da diversidade de culto no próprio continente africano, afirma Pierre Verger:

> *Existe uma confusão muito grande a respeito de Sànpònná Obalúayé, Omolu e Molu, que se misturam em alguns lugares e, em outros, são deuses distintos. O que dificulta o problema vem do fato de que Nanã Buruku é igualmente confundida com eles [...].*
>
> *[...] ou assistimos na África a um sincretismo entre duas divindades vindas uma do leste, Sànpònná Obalúayé (Nàná-Buruku), e outra do oeste, Omolu-Molu (Nàná-Brukung), que se juntaram e tomaram um caráter único em Kêto; ou, então, tratar-se-ia de uma divindade única, trazida por*

migrações leste-oeste, como a dos Ga, que foram de Benin para a região de Accra, durante o reino de Udagbede, no fim do século XII e levada depois para seu lugar de origem, com um novo nome que, no início, era apenas um epíteto. [...] (p. 214)

No ensaio "Exu/Obaluaiê e o arquétipo do médico ferido na transferência", do terapeuta junguiano Pedro Ratis e Silva, recolhido em Religião de corpo e alma, livro organizado por Carlos Eugênio Marcondes de Moura, o autor tece um paralelo entre o mito grego de Quíron[5], de autocura e cura, e Obaluaê:

Agora, o deus da pele ferida é o orixá nagô Obaluaiê, o Grande Médico da cultura iorubá, que tem a pele atacada pelas pústulas da varíola em toda a sua extensão. Não uma abertura apenas, como em Quíron, mas milhares delas pelo corpo todo. E cicatrizes. E uma grande sensibilidade. Não se deve irritá-lo. Não se deve esquecê-lo, nem arriscar qualquer possibilidade de faltar-lhe com o devido respeito. Acho que

---

5. Entre os Centauros, Quíron é um caso à parte. Os seus irmãos eram tão brutais e incultos, enquanto Quíron se distinguia pela sua ponderação e sabedoria. Fruto dos amores de Crono e da ninfa Fílira, ele tinha a estranha forma de um homem-cavalo, porque o pai teve de se transformar em cavalo para gerá-lo. Conta-se que sua mãe, desesperada por ter dado à luz um monstro, pediu aos deuses que a transformassem: estes a metamorfosearam em tília. Quíron recebeu os mais preciosos ensinamentos de Apolo e de Ártemis e aprendeu destes preceptores divinos as artes da medicina e da caça. Cedo os pacientes começaram a consultar o Centauro, que os recebia numa gruta, situada no sopé do monte Pélion, na Tessália. São numerosos os heróis que tiveram o privilégio de serem seus discípulos: Castor e Pólux, Anfiarau, Peleu, Aquiles, Nestor, Ulisses, Actéon, Diomedes e os Argonautas, em favor dos quais ele elaborou um calendário marítimo. Imortal, estava-lhe prometida uma existência dispensadora de diversas mercês. Mas Héracles, por distração, durante um combate que opunha Centauros e Lápitas, feriu-o na coxa com uma flecha tingida de sangue venenoso da Hidra de Lerna. Atingido por dores atrozes, Quíron ofereceu com o consentimento dos deuses, a sua imortalidade a Prometeu e pôde, enfim, dar o último suspiro. Zeus colocou este Centauro irrepreensível entre os astros. Forma aí a constelação do sagitário. (*Dicionário de Mitologia Grega e Romana*, pp. 233-234.)

essa atitude "religiosa", no sentido de "observação cuidadosa" como ensina Jung, é a mesma que se impõe ao vivenciarmos o fenômeno da transferência. [...] (p. 174)

Obaluaê é o patrono da Linha dos Pretos-Velhos, a qual é mais conhecida na Umbanda, contudo também trabalha em outras frentes.

Para que se compreenda melhor essa Linha, segue uma síntese de suas principais características. Vale lembrar que a Espiritualidade é bastante flexível, além de que há uma diversidade muito grande nas religiões de matriz africana.

Pretos-Velhos

Exemplos de humildade, tolerância, perdão e compaixão, os Pretos-Velhos e as Pretas-Velhas compreendem, sobretudo, os espíritos que, na roupagem de escravos, evoluíram por meio da dor, do sofrimento e do trabalho forçado. São grandes Magos da Luz, sábios, portadores de conhecimentos de Alta Espiritualidade.

Enquanto encarnados, cuidaram de seus irmãos, sustentando-lhes a fé nos Orixás, sincretizada com o Catolicismo, seus santos e rituais, a sabedoria milenar, a medicina popular e outros.

Conhecidos como pais/mães, vovôs/vovós e mesmo tios/tias, representam a sabedoria construída não apenas pelo tempo, mas pela própria experiência. Guias e protetores na Umbanda, são espíritos desencarnados de muita luz.

Seus nomes geralmente são de santos católicos (Como quando encarnados, conforme a ordem/orientação geral dos senhores e da própria Igreja.), acrescidos do topônimo da fazenda onde nasceram ou de onde vieram, ou da região africana de origem.

Alguns exemplos: Pai Antônio, Pai Benedito, Pai Benguela, Pai Caetano, Pai Cambinda (ou Cambina), Pai Cipriano, Pai Congo, Pai Fabrício das Almas, Pai Firmino d´Angola, Pai Francisco, Pai Guiné, Pai Jacó, Pai Jerônimo, Pai João, Pai Joaquim, Pai Jobá, Pai Jobim, Pai José d´Angola, Pai Julião, Pai Roberto, Pai Serafim, Pai Serapião, Vovó Benedita, Vovó Cambinda (ou Cambina), Vovó Catarina, Vovó Manuela, Vovó Maria Conga, Vovó Maria do Rosário, Vovó Rosa da Bahia.

Na roupagem de Pretos-Velhos, são verdadeiros psicólogos, tendo ótima escuta para todo e qualquer tipo de problema, sempre com uma palavra amiga para os consulentes, além dos passes, descarregos e outros.

Algumas características dos Pretos-Velhos	
Bebidas	Café preto, vinho moscatel, vinho tinto, cachaça com mel (Por vezes com ervas, sal, alho ou outros elementos.).
Chacra	Básico ou sacro.
Contas	Muitos pedem contas de rosário, favas, cruzes e figas.
Cores	Preto e branco.
Cozinha	Bolinho de tapioca, mingau das almas, tutu de feijão-preto.
Dia da semana	Segunda-feira.
Fumo	Cachimbo ou cigarro de palha.
Linha e irradiação	Os Pretos-Velhos vêm na linha de Obaluaê, mas a irradiação de cada Orixá varia.

Algumas características dos Pretos-Velhos

Planeta	Saturno.
Roupas	Preta e branca, carijó (xadrez preto e branco), lenços na cabeça, batas e saias (Pretas-Velhas), chapéu de palha e outros.
Saudação	Adorei as almas!

Na Linha de Yorimá ou Linha das Almas, Magos da Luz, por meio de suas mirongas, trazem luz, amparo, conforto a todos.

Apreciam trabalhar com diversos elementos, dentre eles fumo e fumaça, fixando bons fluidos e eliminando os maléficos.

Eficazes auxiliares de outros guias, raramente assumem a chefia de cabeça.

As atitudes, as palavras, os conselhos dos Pretos-Velhos, pais e vovôs amorosos, bem como seus pontos cantados, nos convidam à humildade, ao perdão, ao autoperdão e a assumir novas posturas diante da vida.

Sete chefes de legião da vibração espiritual de Yorimá

Pai Guiné	Representante da vibração espiritual.
Pai Tomé	Intermediário para Oxalá.
Pai Joaquim	Intermediário para Oxóssi.
Pai Benedito	Intermediário para Ogum.
Vovó Maria Conga	Intermediária para Xangô.
Pai Congo d´Aruanda	Intermediário para Yori.
Pai Arruda	Intermediário para Iemanjá.

Particularidades dos Pretos-Velhos em relação aos Orixás:

Pretos-Velhos de Iansã	De incorporação e fala rápida. À semelhança dos Pretos-Velhos de Ogum, não possuem tanta paciência. Dão consultas impactantes, levando os consulentes a rapidamente repensarem os temas abordados. Tratam de diversos assuntos, ensinando direcionamentos para que os objetivos sejam alcançados. Especialistas em descarrego, limpam o ambiente, os médiuns, os consulentes, enfim, encaminhando espíritos que partiram para outros planos e que insistem em permanecer junto dos encarnados.
Pretos-Velhos de Iemanjá	Com belas e simples incorporações, falam com doçura e meiguice. Gostam de aconselhar sobre laços espirituais e familiares, atuam na fertilidade em geral, especialmente no caso de mulheres que desejam engravidar. Valendo-se do movimento das ondas do mar, trabalham com descarrego e passes.
Pretos-Velhos de Nanã	De incorporação lenta e pesada, são raros e cobram bastante seriedade e respeito de todos, em especial dos pais e mães da casa. Cobram bastante dos médiuns, não aceitando, por exemplo, roupas curtas ou transparentes. Não são muito flexíveis nas consultas. Quanto aos médiuns, costumam se afastar daqueles que não consideram de moral adequada. Se um médium seu resolve sair de uma casa, podem optar por ficar, se considerarem a casa digna e adequada. Prezam a gratidão. Aconselham especialmente sobre moral e compreensão do carma. Assim como os Pretos-Velhos de Iansã e Obaluaê, conduzem espíritos rumo à evolução.

Pretos-Velhos de Obaluaê	De incorporação e fala simples, exigem de seus médiuns, cobrando bastante deles. Falam de qualquer assunto, adaptando-se ao momento (Influência da antiguidade do Orixá Obaluaê; além disso, geralmente são chefes de linha, donde decorre a experiência em diversos assuntos.). Apreciam contar histórias, a fim de enriquecer e aprofundar os conhecimentos de quem os ouve.
Pretos-Velhos de Ogum	De incorporação rápida, nem sempre são pacientes com consulentes, cambones e outros. Diretos na maneira de falar (E por isso muitos pensam que estão brigando.) e encorajadores, passam segurança a quem os ouve.
Pretos-Velhos de Oxalá	Simples, contidos e lentos na incorporação. Atuam principalmente na direção e instrução de outros Pretos-Velhos, raramente dando consultas. Cobram bastante dos médiuns caridade, virtudes elevadas, humildade.
Pretos-Velhos de Oxóssi	De incorporação alegre e um pouco rápida, esses Pretos-Velhos são os mais brincalhões. Geralmente falam com várias pessoas ao mesmo tempo. São exímios receitadores de remédios naturais, tais como banhos, chás, emplastros e outros, tanto para o corpo como para a alma.
Pretos-Velhos de Oxum	Lentos na fala e na incorporação, caracterizam-se pela serenidade e pela maneira não tão direta de falar. Conhecidos por favorecerem a reflexão de quem os ouvem.

| Pretos-Velhos de Xangô | De incorporação rápida como os Pretos-Velhos de Ogum. À semelhança dos Caboclos de Xangô, atuam em processos na Justiça, realização profissional, aquisição de casa própria, prosperidade material/sólida. De palavra séria, cobram postura e atitude de médiuns e consulentes. |

A Linha Médica, Linha dos Mentores ou Linha de Cura, também está associada a Obaluaê. Trata-se de um trabalho intenso, espraiado em várias frentes, religiões, filosofias espiritualistas, terapias, hospitais, residências e outros.

Mentores de cura Linha de Cura

Os mentores de cura trabalham de diversas maneiras (Os métodos mais comuns são descritos adiante.). A fim de que seu trabalho seja bastante aproveitado, é necessário preparo e dedicação do médium, além da observação, por parte do paciente, de prescrições específicas (Roupas, abstenções temporárias, repouso e outros.).

Vale lembrar que, do ponto de vista holístico, o conceito de cura é amplo e depende de vários fatores (Padrão de pensamento, reforma íntima, programação espiritual – a qual, evidentemente, pode ser revista, de acordo com a vivência cotidiana de cada um –, merecimento e outros.). Nesse sentido, muitas vezes, obter a cura significa conseguir paz, equilíbrio e diminuição das dores para um desencarne sereno.

Métodos de trabalho mais conhecidos

Cirurgia espiritual	Estando o mentor espiritual incorporado no médium, poderá ou não valer-se de meios cirúrgicos elementares (Cortes, punções, raspagens e outros.). Envolve a manipulação do corpo físico por meio das mãos do médium.
Cirurgia perispiritual	Realizada diretamente no perispírito do paciente, em data e horário previamente determinados, pode ou não contar com a colaboração de um médium presente.
Cromoterapia	Atua no corpo físico e no duplo etérico, em especial para males de origem emocional; é indicada pelos mentores de cura e deve ser aplicada por médiuns que conheçam a técnica.
Fluidoterapia	Atua no corpo físico e no perispírito, deve ser aplicada por médiuns que conheçam a técnica. Indicada pelos mentores espirituais.
Homeopatia	Indicada pelos mentores espirituais, a Homeopatia está disponível em qualquer farmácia especializada e deve ser consumida conforme a indicação.
Reiki	Bastante utilizado para combater males de origem emocional e psíquica, deve ser aplicado por médium sintonizado (iniciado na técnica).
Visita espiritual	Realizada por equipe espiritual, em data e horário previamente estipulados. Nas visitas são aplicados passes, feitas orações e realizados, ainda, outros procedimentos.
Outros	Acupuntura, aromaterapia, chás, cristaloterapia, Florais de Bach, Do-in etc.

Interação com os médiuns	
Incorporação	Sutil e geralmente consciente. Em muitos casos, o mentor se vale da fala, assumindo o controle motor quando necessário.
Intuição	Muito importante o equilíbrio e o desenvolvimento do médium, a fim de não haver distorção das orientações dos mentores (Tratamentos, providências e outros.).
Psicografia	Assemelha-se a toda e a qualquer psicografia, entretanto os mentores costumam ditar receitas de tratamentos e medicamentos, alguns deles da própria Medicina dita alopática.

Equipes espirituais	
Apoio	Auxiliam no levantamento do histórico dos pacientes e os inspiram a mudanças de hábitos e atitudes, a fim de que os tratamentos, remédios e demais terapêuticas sejam plenamente aproveitados.
Cirúrgicas	À semelhança das equipes cirúrgicas terrenas, possuem cirurgiões, assistentes, anestesistas etc. Diferem, contudo, na aparelhagem e na tecnologia disponíveis. Contribuem também com passes e aplicação de energias associados às intervenções cirúrgicas.
Oração	Equilibram o mental e o emocional do paciente, dos que o auxiliam e do ambiente, aumentando as boas energias. Essas equipes podem ser formadas por espíritos que, quando encarnados, foram religiosos e, portanto, acostumados às preces.

	Equipes espirituais
Passes	Antes, durante e depois das sessões, encarregam-se de aplicar passes em pacientes e médiuns, em especial nas sessões de cura e nas visitas espirituais.
Proteção	Nos tratamentos, visitas etc. protegem os pacientes da ação de espíritos com vibrações deletérias, geralmente causadores das doenças e desequilíbrios desses pacientes.

	Tipos de Males
Males cármicos	Doenças geralmente incuráveis (Fatais ou não.). Toda forma de tratamento visa, portanto, a dar alívio, conforto e força ao paciente.
Males espirituais	Causados por obsessores, vampirizadores e outros espíritos, reverberam no corpo físico em forma de doenças.
Males físicos	Geralmente provocados por vícios, maus hábitos, má alimentação e outros fatores do cotidiano. Contudo, os males físicos estão atrelados aos demais, uma vez que representam a concretização da última etapa da manifestação de outros males (Espirituais, cármicos e mentais.).
Males mentais	Depressão, angústia, apatia e outros. Se em muitos casos a ação é de obsessores, vampirizadores e outros espíritos afins, a maior parte origina-se da atitude mental dos pacientes (Crenças cristalizadas, medos, culpa etc.). Os males mentais podem corporificar-se em forma de úlcera, hipertensão, câncer e uma extensa lista de doenças.

Obaluaê-Omulu tem seus mitos e características bastante ligados a Nanã, sua mãe.

Nanã

Associada às águas paradas e à lama dos pântanos, Nanã é a decana dos Orixás. De origem daomeana, incorporada ao panteão iorubá, foi a primeira esposa de Oxalá, tendo com ele três filhos: Iroco (ou Tempo)[6], Obaluaê (ou Omulu) e Oxumaré.

Senhora da vida (lama primordial) e da morte (Dissolução do corpo físico na terra.), seu símbolo é o ibiri, feixe de ramos de folha de palmeiras, com a ponta curvada e enfeitado com búzios.

Segundo a mitologia dos Orixás, trata-se do único Orixá a não ter reconhecido a soberania de Ogum por ser o senhor dos metais: por isso, nos Cultos de Nação, o corte (sacrifício de animais) feito à Nanã nunca é feito com faca de metal. Presente na chuva e na garoa: banhar-se com as águas da chuva é banhar-se no e com o elemento de Nanã.

---

6. Na Nigéria, este Orixá é cultuado numa árvore do mesmo nome, substituída no Brasil pela gameleira-branca, que apresenta características semelhantes às da árvore africana. Associado ao Vodun daomeano Loko (dinastia jeje) e ao inquice Tempo dos bantos, é, na realidade, o Orixá dos bosques nigerianos. Sua cor é o branco. Utiliza-se palha-da-costa em suas vestes. Sua comida é, dentre outras, o caruru, o deburu (pipoca) e o feijão-fradinho. Geralmente, diante das casas de Candomblé, há uma grande árvore, com raízes saindo do chão, envolvida por um grande pano branco (alá). Trata-se de Iroko, protegendo cada casa, dando-lhe força e poder. Na nação Angola, Iroko também é conhecido como Maianga ou Maiongá. Também conhecido como Loko, e mesmo Iroko, Tempo é um Orixá originário de Iwere, na parte leste de Oyó (Nigéria). Sua importância é fundamental na compreensão da vida. Geralmente é associado à Iansã (e vice-versa), senhora do ventos e das tempestades. Segundo célebre provérbio, "O Tempo dá, o Tempo tira, o Tempo passa e a folha vira.". O Tempo também é visto como o próprio céu, o espaço aberto.

No tocante à reencarnação, envolve o espírito numa irradiação única, diluindo os acúmulos energéticos e adormecendo sua memória, de modo a ingressar na nova vida sem se lembrar das anteriores.

Representa, ainda, a menopausa, enquanto Oxum estimula a sexualidade feminina e Iemanjá, a maternidade.

Nanã rege a maturidade, bem como atua no racional dos seres.

Características

Animais:	cabra, galinha e pata brancas.
Bebida:	champanha.
Chacras:	frontal e cervical.
Comemoração:	26 de julho (Sant´Ana).
Comidas:	aberum (milho torrado e pilado), feijão-preto com purê de batatas doce, mungunzá (canjica).
Contas:	contas, firmas e miçangas de cristal lilás.
Cores:	roxo ou lilás, branco e azul.
Corpo humano e saúde:	dor de cabeça e problemas intestinais.
Dias da semana:	sábado, segunda-feira.
Elemento:	água.
Elementos incompatíveis:	lâminas e multidões.
Ervas:	manjericão roxo, ipê roxo, colônia, folha-da-quaresma, erva-de-passarinho, dama-da-noite, canela-de-velho, salsa-da-praia, manacá.

Características	
Essências:	dália, limão, lírio, narciso, orquídea.
Flores:	roxas.
Metais:	latão, níquel.
Pedras:	ametista, cacoxenita, tanzanita.
Planetas:	Lua e Mercúrio.
Pontos da natureza/ de firmeza:	águas profundas, cemitérios, lama, lagos, pântanos.
Saudação:	Salubá, Nanã!
Símbolos:	chuva, ibiri.
Sincretismo:	Sant´Ana.

No tocante à relação entre Nanã e Obaluaê, Pedro Ratis e Silva, no ensaio já citado, trata do que chama de dinâmica do abandono e suas consequências para a construção da personalidade de superação de Obaluaê.

A ligação com Nanã, sob o aspecto mitológico, preservaria a integridade da pele de Obaluaiê, seus cuidados de mãe poderiam ter mantido aquele invólucro perfeito para continente de suas aspirações. Mas Obaluaiê não era apenas um pedaço desprendido do corpo de Nanã. Obaluaiê é o espírito humano, e sua diferenciação através das aquisições da consciência durante o desenvolvimento arquetípico é um "opus contra Naturam", que o leva irremediavelmente para uma tensão com suas origens. Nanã não reconhece aquele filho que não a reproduz integralmente, ali existe alguma coisa que não lhe pertence, não é ela. E o rejeita.

A febre e pequenas bolhas começam a se espalhar pelo corpo. Como pequenas estrelas cintilando em sua pele, relembram-lhe a origem celeste – Obatalá.[7] (p. 180)

---

7. Obatalá ou Oxalá – Orixá maior.

Cores

Preto e branco, também associadas aos Pretos-Velhos, e amarelo.

Símbolos

Quando se tratam de Orixás, símbolos não são apenas símbolos. Por exemplo, o símbolo de um Orixá num ponto riscado abre dimensões para o trabalho espiritual. O mesmo se dá com as ferramentas de Orixás: quando um Orixá dança num barracão e utiliza sua ferramenta, estão sendo cortadas energias deletérias e disseminados os Axés dos Orixás.

Xaxará

Feixe de piaçavas ou maço de palhas-da-costa, enfeitado com búzios e miçangas.

Laguidibá

Colar de Obaluaê/Omulu feito de pequenos discos pretos dispostos em barbante, linha ou outro material.

Dipocas

Não apenas são oferendadas a Obaluaê, mas também são utilizadas para banhos, por exemplo. Conhecidas como flores de Obaluaê, em referência ao episódio mitológico-simbólico de sua cura, geralmente são estouradas com areia ou sem nada.

Cruz/ cruzeiro

Principalmente pela relação com o cemitério (calunga grande), o cruzeiro também é associado à Linha das Almas, aos Pretos-Velhos.

Saudação

Atotô! Significa "Silêncio!", uma vez que Obaluaê pede silêncio, respeito, seriedade.

Dia da semana

Segunda-feira.

Tarô

No *Tarô dos Orixás*, de Eneida Duarte Gaspar, Obaluaê/Omulu é associado à carta VIIII do Tarô de Marselha, O Eremita.

- Significado básico de O Eremita: Silêncio. Morte social (isolamento). Meditação. Retirada da vida. Prudência. Sabedoria. Espírito de sacrifício.
- Significado básico oposto de O Eremita: Avareza. Falta de sinceridade. Busca por proteção. Atos imprudentes. Imaturidade. Misantropia.

No *Tarô dos Orixás*, conforme a própria Eneida Duarte Gaspar,

> Um dos voduns daomeanos da família da Terra, filho de Nanã e Oxalá, Omolu (Obaluaiê) é o orixá das epidemias e da morte. Absorvido pela religião iorubá, sempre foi temido e respeitado, sendo um dos governantes dos mortos. Entretanto, também sabe curar, e por isso é considerado "o médico dos pobres". Omolu é o Eremita solitário, introvertido, prudente e sábio. Pode curar os males dos que o procuram, mas pode empurrar para o exílio voluntário da doença e da depressão quem ignorar seu chamado ao exame interior. Sua mensagem é que nada é indiferente; precisamos levar em conta tanto a força de nossos menores atos como o perigo dos menores obstáculos. Ele diz que as soluções estão no nosso interior. Se esbarramos num obstáculo, ele recomenda que paremos para reavaliar nossos atos até encontrar uma saída. Sugere também que cultivemos nossa luz interior para identificar nosso Eu e descobrir o ritmo pessoal de ação e reflexão.

A carta representa um momento de parada, de reflexão, de solitude e não necessariamente de solidão. Contudo, a pessoa pode apresentar tendência a ser mais reservada e/ou isolada, o que não é, ou precisa ser, algo negativo, se se apresentar de forma equilibrada.

Obviamente, as lâminas ou cartas apresentam-se com significado mais profundo durante a leitura, em especial conforme a posição que assumem no jogo e com relação às outras cartas.

Sincretismo

(...)
Quando os povos d'África chegaram aqui
Não tinham liberdade de religião.
Adotaram o Senhor do Bonfim:
Tanto resistência, quanto rendição.

Quando, hoje, alguns preferem condenar
O sincretismo e a miscigenação,
Parece que o fazem por ignorar
Os modos caprichosos da paixão.

Paixão que habita o coração da natureza-mãe
E que desloca a história em suas mutações,
Que explica o fato de Branca de Neve amar
Não a um, mas a todos os Sete Anões.
(...)

(Gilberto Gil)

    A senzala foi um agregador do povo africano. Escravos muitas vezes apartados de suas famílias e divididos propositadamente em grupos culturais e linguisticamente diferentes – por vezes antagônicos, para evitar rebeliões –, organizaram-se de modo a criar uma pequena África, o que posteriormente se refletiu nos terreiros de Candomblé, onde Orixás procedentes de regiões e clãs diversos passaram a ser cultuados numa mesma casa religiosa.

Entretanto, o culto aos Orixás era velado, uma vez que a elite branca católica considerava as expressões de espiritualidade e fé dos africanos e seus descendentes como associada ao mal, ao Diabo cristão, caracterizando-a pejorativamente de primitiva.

Para manter sua liberdade de culto, ainda que restrita ao ambiente da senzala, ou, de modo escondido, nos pontos de força da natureza ligados a cada Orixá, os escravizados recorreram ao sincretismo religioso, associando cada Orixá a um santo católico. Tal associação também apresenta caráter plural e continuou ao longo dos séculos, daí a diversidade de associações sincréticas.

Hoje, por um lado, há um movimento de "reafricanização" do Candomblé, dissociando os Orixás dos santos católicos; por outro lado, muitas casas ainda mantêm o sincretismo, e muitos zeladores-de-santo declaram-se católicos.

No caso da Umbanda, algumas casas, por exemplo, não se utilizam de imagens de santos católicos, representando os Orixás em sua materialidade por meio dos otás, entretanto, a maioria ainda se vale de imagens católicas, entendendo o sincretismo como ponto de convergência de diversas matrizes espirituais.

De certa forma, o sincretismo também foi chancelado pelo fato de popularmente Orixá passar a ser conhecido como "Santo" (Orixá de energia masculina/pai/aborô.) ou "Santa" (Orixá de energia feminina/mãe/iabá.), o que reforça a associação e correspondência com os santos católicos, seres humanos que, conforme a doutrina e os dogmas católicos, teriam se destacado por sua fé ou seu comportamento.

Energia masculina e energia feminina de cada Orixá não têm necessariamente relação com gênero e sexualidade tal qual conhecemos e vivenciamos, tanto que, em Cuba, Xangô é sincretizado com Santa Bárbara.

Ainda sobre o vocábulo "Santo" como sinônimo de Orixá, as traduções mais próximas para os termos *babalóòrisá* e *iyálorìsa* seriam pai ou mãe-**no**-santo, contudo o uso popular consagrou pai ou mãe-**de**-santo. Para evitar equívocos conceituais e/ou teológicos, alguns sacerdotes utilizam-se do termo zelador ou zeladora-de-santo.

Em célebre entrevista concedida ao jornal "A Tarde", em 24 de junho de 2001, o zelador-de-santo Agenor Miranda trata de diversos temas que apareceram em entrevistas anteriores.

Duas perguntas tratam de sincretismo e devoção a santos católicos. As mesmas declarações a respeito do sincretismo no Candomblé poderiam, certamente, ser aplicadas ao sincretismo na Umbanda.

P – Na Bahia do Senhor do Bonfim, o sincretismo religioso está muito presente. Qual a sua opinião sobre o sincretismo, considerando que o senhor é um zelador-de--santo, filho de pais católicos?

R – Não há crime nenhum no sincretismo, porque, se não fosse o sincretismo, não haveria candomblé hoje. Essa é que é a verdade. As mães-de-santo e os pais-de-santo não querem o sincretismo. Mas tem que haver. Se não fosse o sincretismo, como é que o candomblé iria sobreviver até hoje? Teria morrido. Agora, eles não gostam quando eu falo isso. Mas eu falo o que sinto. Não falo pelos outros, falo por mim.

P – O senhor é devoto de Santo Antônio e de São Francisco de Assis e vai sempre à cidade de Assis, na Itália, venerar São Francisco. Como é que o senhor lida com isso dentro do candomblé? Existe preconceito?

R – Se há preconceitos, é com eles. Eu sou eu. Nunca tive conflito. E, agora, tem mais uma coisa: eu sou do santo, católico e espírita. Assim como na família: nem todos são iguais, mas convivem bem. Não é isso? É uma questão de fé.

Não apenas o sincretismo, mas também a convivência, nem sempre pacífica, é verdade, entre religiões em solo e corações brasileiros. A partir da entrevista de Agenor Miranda, evocam, ainda, os seguintes versos de Zeca Pagodinho ("Ogum"):

> *Sim, vou à igreja festejar meu protetor*
> *E agradecer por eu ser mais um vencedor*
> *Nas lutas, nas batalhas.*
> *Sim, vou ao terreiro pra bater o meu tambor*
> *Bato cabeça firmo ponto sim senhor*
> *Eu canto pra Ogum*

A espiritualidade do povo brasileiro é bastante dialógica, sincrética e dinâmica.

Principais formas de sincretismo com Obaluaê:

SÃO ROQUE (17 de agosto) – Natural de Montpellier, França, no século XV, auxiliava vítimas da peste, na Itália. Quando contraiu a doença, peregrinou solitário. Representações iconográficas mostram um cão que teria levado um pão para Roque não morrer de fome. Teria morrido em Angera, Itália, numa prisão, confundido com um espião, ou em Montpellier, segundo outras fontes.

SÃO LÁZARO (17 de dezembro) – Segundo a tradição, irmão de Marta e Maria que teria sido ressuscitado por Jesus e posteriormente sofrido martírio em Marselha. A ele se associam a lepra e os cães que lhe lambem as feridas, provavelmente por associação a outro Lázaro, o da parábola sobre o rico e o pobre (Lc 16, 19-31).

Comidas e bebidas

A cozinha é local para o preparo de pratos ritualísticos e mesmo para cuidados gerais da casa. Alguns terreiros (em especial de Umbanda) não dispõem de cozinha, sendo utilizada a da casa do dirigente espiritual ou de algum médium.

Em linhas gerais, o uso ritualístico da cozinha pressupõe o mesmo respeito, o mesmo cuidado de outras cerimônias de Candomblé e Umbanda, como os xirês e as giras, as entregas (oferendas) e outros: roupas apropriadas, padrão de pensamento específico e centramento necessário etc.

Além disso, os médiuns devem ser cruzados para a cozinha e/ou estarem autorizados a nela trabalhar. No Candomblé, bem como em algumas casas de Umbanda com forte influência dos Cultos de Nação, destaca-se a figura da Iabassê, a responsável maior pelo preparo das comidas sagradas.

Embora se faça uso de comidas e bebidas sagradas em vários momentos da caminhada espiritual da vida dos filhos e sacerdotes/sacerdotisas, os momentos mais conhecidos são as chamadas obrigações. Cada vez mais se consideram as obrigações não apenas como um compromisso, mas, literalmente como uma maneira de dizer obrigado(a).

Em linhas gerais, as obrigações se constituem em oferendas feitas para, dentre outros, agradecer, fazer pedidos, reconciliar-se, isto é, reequilibrar a própria energia com as energias dos Orixás.

Os elementos oferendados, em sintonia com as energias de cada Orixá, serão utilizados pelos mesmos como combustíveis ou repositores energéticos para ações magísticas, da mesma forma que o álcool, o alimento e o fumo utilizados quando o médium está incorporado. Daí a importância de cada elemento ser escolhido com amor, qualidade, devoção e pensamento adequado.

Existem obrigações menores e maiores, variando de terreiro para terreiro; periódicas ou solicitadas de acordo com as circunstâncias, conforme o tempo de desenvolvimento mediúnico e a responsabilidade de cada um com seus Orixás; com sua coroa, como no caso da saída (Quando o médium deixa o recolhimento e, após período de preparação, apresenta solenemente seu Orixá, ou é, por exemplo, apresentado como sacerdote ou ogã.) e outros.

Embora cada casa siga um núcleo comum de obrigações fixadas e de elementos para cada uma delas, dependendo de seu destinatário, há uma variação grande de cores, objetos, características. Portanto, para se evitar o uso de elementos incompatíveis para os Orixás, há que se dialogar com a Espiritualidade e com os dirigentes espirituais, a fim de que tudo seja corretamente empregado ou, conforme as circunstâncias, algo seja substituído.

A cozinha dos Orixás migrou para as mesas e barracas de quitutes brasileiros, pela variedade de sabores, temperos e cores.

- Comidas de Obaluaê: feijão-preto, carne de porco, deburu (pipoca), abadô (à base de milho vermelho), latipá (à base de mostarda) e outras.
- Bebidas: água mineral e vinho tinto.

Corpo humano e chacras

Por serem ecológicas, as religiões de mátria africana visam ao equilíbrio do trinômio corpo, mente e espírito (holismo); isto é, a saúde física, o padrão de pensamento e o desenvolvimento espiritual de cada indivíduo.

O corpo humano traz em si os quatro elementos básicos da natureza, aos quais se ligam os Orixás. É o envoltório, a casa do espírito, sente dor e prazer. É, ainda, o meio (médium) pelo qual a Espiritualidade literalmente se corporifica, seja por meio da chamada incorporação, intuição, psicografia etc. Portanto, deve ser tratado com equilíbrio, respeito e alegria.

Assim como na tradição hebraico-cristã, segundo a qual Deus e os seres humanos viviam juntos no Éden, a tradição iorubá relata que havia livre acesso aos seres humanos entre o Aiê (Em tradução livre, o plano terreno.) e o Orum (Em tradução livre, o plano espiritual.).

Com a interrupção desse acesso, foi necessário estabelecer uma nova ponte, por meio do culto aos Orixás, em África, o que se amalgamou e resultou, no Brasil, no Candomblé e, em linha histórica diacrônica (Para a Espiritualidade o *timing* é sincrônico e em espiral.), nas demais religiões de matriz africana.

No relato registrado e anotado por Reginaldo Prandi[8]:

*No começo não havia separação entre
o Orum, o Céu dos orixás,
e o Aiê, a Terra dos humanos.
Homens e divindades iam e vinham,
coabitando e dividindo vidas e aventuras.
Conta-se que, quando o Orum fazia limite com o Aiê,
um ser humano tocou o Orum com as mãos sujas.
O céu imaculado do Orixá fora conspurcado.
O branco imaculado de Obatalá se perdera.
Oxalá foi reclamar a Olorum.
Olorum, Senhor do Céu, Deus Supremo,
irado com a sujeira, o desperdício e a displicência dos mortais,
soprou enfurecido seu sopro divino
e separou para sempre o Céu da Terra.
Assim, o Orum separou-se do mundo dos homens
e nenhum homem poderia ir ao Orum e retornar de lá
com vida.
E os orixás também não podiam vir à Terra com seus corpos.
Agora havia o mundo dos homens e o dos orixás,
separados.
Isoladas dos humanos habitantes do Aiê, as divindades
entristeceram.
Os orixás tinham saudades de suas peripécias entre
os humanos
e andavam tristes e amuados.*

---

8. A escolha se deu porque Prandi, em seus textos literários, é verdadeiro griô (contador de histórias), mestre das palavras que honram, na escrita, a oralidade africana.

Foram queixar-se com Olodumaré, que acabou consentindo
que os orixás pudessem vez por outra retornar à Terra.
Para isso, entretanto, teriam que tomar o corpo material de
seus devotos.
Foi a condição imposta por Olodumaré
Oxum, que antes gostava de vir à Terra brincar com
as mulheres,
dividindo com elas sua formosura e vaidade,
ensinando-lhes feitiços de adorável sedução e irresistível
encanto,
recebeu de Olorum um novo encargo:
preparar os mortais para receberem em seus corpos os orixás.
Oxum fez oferendas a Exu para propiciar sua delicada missão.
De seu sucesso dependia a alegria dos seus irmãos e
amigos orixás.
Veio ao Aiê e juntou as mulheres à sua volta,
banhou seus corpos com ervas preciosas,
cortou seus cabelos, raspou suas cabeças,
pintou seus corpos.
Pintou suas cabeças com pintinhas brancas,
como as pintas das penas da conquém,
como as penas da galinha-d'angola.
Vestiu-as com belíssimos panos e fartos laços,
enfeitou-as com joias e coroas.
O ori, a cabeça, ela adornou ainda com a pena ecodidé,
pluma vermelha, rara e misteriosa do papagaio-da-costa.
Nas mãos as fez levar abebês, espadas, cetros,
e nos pulsos, dúzias de dourados indés[9].

---
9. Indé – pulseira.

*O colo cobriu com voltas e voltas de coloridas contas
e múltiplas fieiras de búzios, cerâmicas e corais.
Na cabeça pôs um cone feito de manteiga de ori,
finas ervas e obi mascado,
com todo condimento de que gostam os orixás.
Esse oxô atrairia o orixá ao ori da iniciada e
o orixá não tinha como se enganar em seu retorno ao Aiê.
Finalmente as pequenas esposas estavam feitas,
estavam prontas, e estavam odara[10].
As iaôs eram a noivas mais bonitas
que a vaidade de Oxum conseguia imaginar.
Estavam prontas para os deuses.
Os orixás agora tinham seus cavalos,
podiam retornar com segurança ao Aiê,
podiam cavalgar o corpo das devotas.
Os humanos faziam oferendas aos orixás,
convidando-os à Terra, aos corpos das iaôs.
Então os orixás vinham e tomavam seus cavalos.
E, enquanto os homens tocavam seus tambores,
vibrando os batás e agogôs, soando os xequerês e adjás,
enquanto os homens cantavam e davam vivas e aplaudiam,
convidando todos os humanos iniciados para a roda do xirê,
os orixás dançavam e dançavam e dançavam.
Os orixás podiam de novo conviver com os mortais.
Os orixás estavam felizes.
Na roda das feitas, no corpo das iaôs,
eles dançavam e dançavam e dançavam.
Estava inventado o candomblé.*

---

10. Odara – lindo(a).

Com relação ao corpo humano, Obaluaê associa-se a todas as suas partes (binômio saúde/doença).

Em termos gerais, chacras (rodas) são centros de energia físico-espirituais espalhados por diversos pontos dos corpos físico e espirituais que revestem o físico. Os chacras mais conhecidos são sete, mas os que estão nas mãos e pés são também muito importantes para o exercício da mediunidade.

O chacra a que se associa a Obaluaê é o 1º Chacra, cujo nome em sânscrito é Muladhara (Base e fundamento; suporte). Os nomes mais conhecidos em português são Base ou Básico, Raiz e Sacro.

Localizado na base da coluna, na cintura pélvica, quando ativo tem a cor vermelho-fogo.

Seu elemento correspondente no mundo físico é a terra. Seu som correspondente (bija), segundo segmentos religiosos tradicionais indianos, é LAM. O centro físico do chacra base corresponde às glândulas suprarrenais, as quais produzem adrenalina e são responsáveis por prover a circulação e equilibrar a temperatura do corpo, de modo a prepará-lo para a reação imediata.

Trata-se do centro psicológico para a evolução da identidade, da sobrevivência, da autonomia, da autoestima, da realização e do conhecimento. Além disso, acumula impressões, memórias, conflitos e atitudes geradas pelos esforços para conseguir individualidade.

Quando em desequilíbrio, produz, dentre outros, anemia, leucemia, deficiência de ferro, problemas de circulação, pressão baixa, pouca tonicidade muscular, fadiga, insuficiência renal e excesso de peso.

Ao 1º chacra também se associam Exu e os Pretos-Velhos.

Elemento e ponto de força

Pontos da natureza são pontos de forças naturais, tais como pedreiras, matas, cachoeiras etc. Pontos de força são locais que funcionam como verdadeiros portais para a Espiritualidade.

Cada centro de força corresponde a determinado Orixá, Guia ou Guardião, por afinidades de elementos. Além dos pontos da natureza, há outros como cemitérios e estradas, por exemplo.

O elemento de Obaluaê é a terra (Obaluaê rege, ainda, o fogo central da terra.).

Ponto da natureza/de força: cemitérios, grutas e praias.

A respeito da relação entre os Orixás e os quatro elementos básicos, vale a pena uma breve descrição sobre os Elementais.

Elementais

Os elementais são seres conhecidos nas mais diversas culturas, com características e roupagens mais ou menos semelhantes. Ligam-se aos chamados quatro elementos (terra, água, ar, fogo), daí sua importância ser reconhecida na Umbanda, a qual se serve dos referidos elementos, tanto em seus aspectos físicos quanto em sua contrapartida etérica.

Elemento Terra	
Dríades	Trabalham nas florestas, diretamente nas árvores, ligam-se ao campo vibratório do Orixá Oxóssi. Possuem cabelos compridos e luminosos.
Gnomos	Trabalham no duplo etérico das árvores.
Fadas	Manipulam a clorofila das plantas (matizes e fragrâncias), de modo a formar pétalas e brotos. Associam-se à vida das células da relva e de outras plantas.
Duendes	Cuidam da fecundidade da terra, das pedras e dos metais preciosos e semipreciosos.
Elemento Água	
Sereias	Atuam nas proximidades de oceanos, rios e lagos, com energia e forma graciosas.
Ondinas	Atuam nas cachoeiras, auxiliando bastante nos trabalhos de purificação realizados pela Umbanda nesses pontos de força.
Elemento Ar	
Silfos	Apresentam asas, como as fadas, movimentando-se com grande rapidez. Atuam sob a regência de Oxalá.
Elemento Fogo	
Salamandras	Atuam na energia ígnea solar e no fogo de modo geral. Apresentam-se como correntes de energia, sem se afigurarem propriamente como humanos.

Incompatibilidades

As chamadas quizilas (Angola) ou euós (iorubá) são energias que destoam das energias dos Orixás, seja no tocante à alimentação, hábitos, cores etc. No caso da Umbanda, as restrições alimentares, de bebidas, cores etc. ocorrem nos dias de gira, em períodos e situações específicas.

Fora isso, tudo pode ser consumido, sempre de modo equilibrado. Ao contrário, no Candomblé, há, por exemplo, comidas (frutas, pratos e outros) de determinado Orixá que, em dadas circunstâncias (Orixá de cabeça, Orixá chefe do terreiro etc.) só devem ser consumidas no próprio terreiro, e não no dia a dia.

As principais incompatibilidades de Obaluaê são claridade e sapo. A claridade certamente se explica por suas feridas. O sapo, provavelmente pela questão da pele. De qualquer forma, a maior incompatibilidade do Orixá é o barulho, a falta de respeito.

Também o caranguejo azul é incompatível com Obaluaê. Aliás, sobre incompatibilidades, por vezes a relação do iniciado com as mesmas apresenta matiz quase folclórico pela maneira como tenta burlá-las ("jeitinho"). A esse respeito, no Candomblé, Gisèle Omindarewa Cossard, no ensaio "A filha-de-santo", recolhido por Carlos Eugénio Marcondes de Moura no livro *Culto aos Orixás*, relata:

> [...] Um dia chegamos na Goméa e João da Goméa estava à mesa, acompanhado por três ogãs, comendo caranguejos azuis, caçados no mangue. Sabendo que este animal é consagrado a Obaluaiê e que em princípio é proibido comê-lo, não fizemos o menor comentário e preparávamo-nos para saudar cada um deles, quando uma pessoa amiga da casa apressou-se em dizer-nos: "Tá vendo, seu pai está comendo siri!" O tom empregado era tão decisivo, que não percebemos o erro no emprego da palavra "siri", caranguejo do mar, que não é comida proibida, em lugar da palavra "caranguejo". Mais tarde, ela me explicou que se eu tivesse feito algum comentário e pronunciado a palavra "caranguejo", mais ninguém poderia continuar comendo, pois teríamos advertido a divindade da ofensa que se lhe fazia, ao passo que tinham tentado induzi-la em erro, ao falar de "siri". (p. 140)

Ainda a esse respeito, no mesmo volume, Monique Augras, no ensaio "Quizilas e preceitos – transgressão, reparação e organização dinâmica do mundo", afirma:

> Descrevendo as aprendizagens da filha-de-santo, Gisèle Cossard-Bino enumera vários tipos de quizilas, insistindo no seu caráter rigoroso, mas não deixa de registrar episódios nos quais até o próprio pai-de-santo infringe proibições publicamente. Nesse caso, precauções verbais são tomadas, para que a divindade não possa perceber "a ofensa que se lhe faz" (1981, p. 136). [...] Esse tipo de malandragem é bem frequente nos terreiros. Chamar abóbora de "inhame vermelho", ou caranguejo de siri, é meio de contornar as situações. Mas a proibição permanece. A infração, ainda que jocosamente esvaziada do significado transgressor, parece paradoxalmente, sublinhar a intangibilidade da lei. (p. 158)

Ervas e flores

Fundamentais nos rituais de Umbanda, para banhos, defumações, chás e outros, as ervas devem ser utilizadas com orientação da Espiritualidade e do dirigente espiritual.

Não apenas os nomes das ervas variam de região para região, de casa para casa, mas também as maneiras de selecioná-las, manipulá-las e prepará-las. Daí a necessidade de orientação e direcionamento para seu uso ritualístico.

Banhos

A água, enquanto elemento de terapêutica espiritual, é empregada em diversas tradições espirituais e/ou religiosas. Na Umbanda, em poucas palavras, pode-se dizer que a indicação, as formas de preparo, os cuidados, a coleta, sua ritualística ou a compra de folhas, dentre tantos aspectos, devem ser orientados pela Espiritualidade e/ou pela direção espiritual de uma casa.

As variações são muitas, contudo procuram atender a formas específicas de trabalhos, bem como aos fundamentos da Umbanda.

A seguir um quadro sintético dos tipos mais comuns de banhos empregados na Umbanda.

Banhos de descarga/ descarrego	Servem para livrar a pessoa de energias deletérias, de modo a reequilibrá-la. Pode ser de ervas ou de sal grosso, ou, ainda, serem acrescidos outros elementos.
Banho de descarga com ervas	Após esse banho, as ervas devem ser recolhidas e despachadas na natureza ou em água corrente. Depois desse banho, aconselha-se um banho de energização.
Banho de sal grosso	Banho de limpeza energética, do pescoço para baixo, depois do qual comumente devem ser feitos banhos de energização, a fim de se equilibrarem as energias, visto que, além de retirar as negativas, também se descarregam as positivas. Alguns o substituem pelo próprio banho de mar.
Banhos de energização	Ativam as energias dos Orixás e Guias, afinando-as com as daquele que toma os banhos. Melhoram, portanto, a sintonia com a Espiritualidade, ativam e revitalizam funções psíquicas, melhoram a incorporação etc.
Amaci	Banho mais comum, da cabeça aos pés, ou só de cabeça, orientado por Entidades ou pelo Guia-chefe do dirigente espiritual. Existem também amacis periódicos para o corpo mediúnico, que ritualisticamente o toma.
Banho natural de cachoeira	Possui a mesma função dos banhos de mar, porém em água doce. O choque provocado pela queda d´água limpa energiza. Melhor ainda quando feito em cachoeiras próximas das matas e sob o Sol.

Banho natural de chuva	Limpeza de grande força, é associado ao Orixá Nanã.
Banho natural de mar	Muito bom para descarregos e energização, em especial sob a vibração de Iemanjá.

Sacudimentos

Ritual de limpeza espiritual com o intuito de expulsar energias negativas de pessoa ou ambiente.

Para tanto, empregam-se folhas fortes que são batidas na pessoa ou no ambiente ("surra"), pólvora queimada no local em que se realiza o ritual e, em algumas casas, comidas e aves em contato com a pessoa ou o ambiente, os quais serão posteriormente oferecidos aos eguns (as aves soltas, vivas).

O ritual é completado com banho, no caso de pessoa, e com a defumação do corpo ou do local do sacudimento.

No Candomblé e em algumas casas de Umbanda (geralmente as ditas cruzadas), também são utilizadas aves, que, depois do sacudimento, são soltas.

Defumações

Uma das mais conhecidas formas de limpeza energética feita na Umbanda, a defumação ocorre não apenas no início dos trabalhos (especialmente das giras), mas em outros locais e circunstâncias onde se fizerem necessárias.

As maneiras de se defumar um terreiro ou outro local variam (em casa ou local de trabalho, por exemplo, fazendo ou não um percurso em X em cada cômodo). Contudo, no caso de residência ou comércio, prevalece o hábito de se defumar dos fundos para a porta de entrada (limpeza) e da porta de entrada para os fundos (energização).

Com diversas variações, em virtude da diversidade litúrgica e terapêutica das religiões de matriz africana, associam-se a Obaluaê os seguintes elementos.

- Ervas: canela-de-velho, erva-de-bicho, erva-de-passarinho, barba-de-milho, barba-de-velho, cinco-chagas, fortuna, hera.
- Flores: monsenhor branco.

Planeta

Neste contexto, nem todo astro, segundo a Astronomia, é planeta; contudo essa é a terminologia mais comum nos estudos espiritualistas, esotéricos etc.

O planeta associado a Obaluaê é Saturno, que evoca a passagem do tempo, lentidão, revezes, dificuldades, fidelidade, renúncia, espiritualidade.

De modo geral, tem-se a ideia da transcendência da dor e da dificuldade, bem como as lições positivas decorrentes desse aprendizado.

Algumas qualidades

Qualidades são tipos ou caminhos de determinado Orixá. São diversas as qualidades, com variações (Fundamentos, nações, casas, representações, entre Umbanda e Candomblé etc.). Enquanto, por exemplo, Iansã Topé caminha com Exu, Iansã Igbale caminha com Obaluaê. Xangô Airá, por sua vez, caminha com Oxalá.

Como são diversas as qualidades e variações, neste trabalho, optou-se por apresentar as qualidades como "algumas".

No caso de Oxumaré, o que mais aparece são os Voduns, fato que se justifica pela origem do culto ao Orixá e ratifica o intercâmbio entre Orixás, Voduns, e, claro, também Inquices, nos barracões de Candomblé –fundamentos, liturgia etc.

A seguir, algumas das qualidades mais conhecidas e comuns no Candomblé.

Omulu-Intotô	Fundamento com Exu e Oxumaré.
Omulu-Ajunsum	Fundamento com Oxalá e Ogum.
Obaluaê-Jagum	Fundamento com Exu, Oxum e Oxaguiã.
Xapanã	Fundamento com Nanã, Oxalá e Oxóssi.
Azoani	Fundamento com Oxóssi.
Obaluaê-Akerejebe	Fundamento com Oxumaré.

Registros

A oralidade é bastante privilegiada no Candomblé, tanto para a transmissão de conhecimentos e segredos (os awós) quanto para a aprendizagem de textos ritualísticos. Nesse contexto, entre cantigas e rezas, que recebem nomes diversos conforme a Nação, destacam-se os itãs e os orikis.

Itãs são relatos míticos da tradição iorubá, notadamente associados aos 256 odus (16 odus principais X 16).

Conforme a tradição afro-brasileira, cada ser humano é ligado diretamente a um Odu, que lhe indica seu Orixá individual, bem como sua identidade mais profunda. Variações à parte (Nações, casas etc.), os dezesseis Odus principais são assim distribuídos:

Caídas	Odus	Regências
01 búzio aberto e 15 búzios fechados	Okanran	Fala: Exu Acompanham: Xangô e Ogum
02 búzios abertos e 14 búzios fechados	Eji-Okô	Fala: Ibejis Acompanham: Oxóssi e Exu
03 búzios abertos e 13 búzios fechados	Etá-Ogundá	Fala: Ogum

Caídas	Odus	Regências
04 búzios abertos e 12 búzios fechados	Irosun	Fala: Iemanjá Acompanham: Ibejis, Xangô e Oxóssi
05 búzios abertos e 11 búzios fechados	Oxé	Fala: Oxum Acompanha: Exu
06 búzios abertos e 10 búzios fechados	Obará	Fala: Oxóssi Acompanham: Xangô, Oxum, Exu
07 búzios abertos e 09 búzios fechados	Odi	Fala: Omulu/Obaluaê Acompanham: Iemanjá, Ogum, Exu e Oxum
08 búzios abertos e 08 búzios fechados	Eji-Onilé	Fala: Oxaguiã
09 búzios abertos e 07 búzios fechados	Ossá	Fala: Iansã Acompanham: Iemanjá, Obá e Ogum
10 búzios abertos e 06 búzios fechados	Ofun	Fala: Oxalufá Acompanham: Iansã e Oxum
11 búzios abertos e 05 búzios fechados	Owanrin	Fala: Oxumarê Acompanham: Xangô, Iansã e Exu
12 búzios abertos e 04 búzios fechados	Eji-Laxeborá	Fala: Xangô
13 búzios abertos e 03 búzios fechados	Eji-Ologbon	Fala: Nanã Buruquê Acompanha: Omulu/Obaluaê

Caídas	Odus	Regências
14 búzios abertos e 02 búzios fechados	Iká-Ori	Fala: Ossaim Acompanham: Oxóssi, Ogum e Exu
15 búzios abertos e 01 búzio fechado	Ogbé-Ogundá	Fala: Obá
16 búzios abertos	Alafiá	Fala: Orumilá

O vocábulo "itã" quase não é empregado na Umbanda, contudo os relatos míticos/mitológicos se disseminam com variações, adaptações etc.

Uma das características da Espiritualidade do Terceiro Milênio é a (re)leitura e a compreensão do simbólico. Muitos devem se perguntar como os Orixás podem ser tão violentos, irresponsáveis e mesquinhos, como nas histórias aqui apresentadas. Com todo respeito aos que creem nesses relatos ao pé da letra, as narrativas são caminhos simbólicos riquíssimos encontrados para tratar das energias de cada Orixá e de valores pessoais e coletivos. Ao longo do tempo puderam ser ouvidas e lidas como índices religiosos, culturais, pistas psicanalíticas, oralitura e literatura.

Para vivenciar a espiritualidade das religiões de matriz africana de maneira plena, é preciso distinguir a letra e o espírito, não apenas no tocante aos mitos e às lendas dos Orixás, mas também aos pontos cantados, aos orikis etc.

Quando se desconsidera esse aspecto, existe a tendência de se desvalorizar o diálogo ecumênico e inter-religioso, assim como a vivência pessoal da fé. O simbólico é um grande instrumento para a reforma íntima, o autoaperfeiçoamento, a evolução.

Ressignificar esses símbolos, seja à luz da fé ou da cultura, é valorizá-los ainda mais, em sua profundidade e também em sua superfície, ou seja, em relação ao espírito e ao corpo, à transcendência e ao cotidiano, uma vez que tais elementos se complementam.

Um ouvinte/leitor mais atento à interpretação arquetípica psicológica (ou psicanalista) certamente se encantará com as camadas interpretativas da versão apresentada para o relato do ciúme que envolve Obá e Oxum em relação ao marido, Xangô.

Os elementos falam por si: Oxum simula cortar as duas orelhas para agradar ao marido; Obá, apenas uma. O ciúme, como forma de apego, é uma demonstração de afeto distorcida unilateral, embora, geralmente, se reproduza no outro, simbioticamente, pela lei de atração dos semelhantes, segundo a qual não há verdugo e vítima, mas cúmplices, muitas vezes inconscientes.

A porção mutilada do ser é a orelha, que na abordagem holística, associa-se ao órgão sexual feminino, ao aspecto do côncavo, e não do convexo. Aliás, *auricula* (*orelha*, em latim) significa, literalmente, *pequena vagina*. O fato de não haver relação direta entre latim e iorubá apenas reforça que o inconsciente coletivo e a sabedoria ancestral são comuns a todos e independem de tempo e espaço.

Na definição de Nei Lopes, oriki é: "Espécie de salmo ou cântico de louvor da tradição iorubá, usualmente declamado ao ritmo de um tambor, composto para ressaltar atributos e realizações de um orixá, um indivíduo, uma família ou uma cidade.".

Enquanto gênero, o oriki é constantemente trazido da oralitura para a literatura, sofrendo diversas alterações. Uma delas é o chamado orikai, termo cunhado por Arnaldo Xavier, citado por Antonio Risério:

> [...] *para haicai (Poema de origem japonesa com características próprias, porém também com uma série de adaptações formais específicas à poesia de cada país.) que se apresente com oriki (Especialmente no que tange ao louvor e à ressignificação de atributos dos Orixás.).*

Na Umbanda, os pontos cantados são alguns dos responsáveis pela manutenção da vibração das giras e de outros trabalhos. Verdadeiros mantras, mobilizam forças da natureza, atraem determinadas vibrações, Orixás, Guias e Entidades.

Com diversidade, o ponto cantado impregna o ambiente de determinadas energias enquanto o libera de outras finalidades, representa imagens e traduz sentimentos ligados a cada vibração, variando de Orixá para Orixá, Linha para Linha, circunstância para circunstância etc. Aliado ao toque e às palmas, o ponto cantado é um fundamento bastante importante na Umbanda e em seus rituais.

Em linhas gerais, dividem-se em pontos de raiz, trazidos pela Espiritualidade, e terrenos, elaborados por encarnados e apresentados à Espiritualidade, que os ratifica.

Há pontos cantados que migraram para a Música Popular Brasileira (MPB) e canções de MPB que são utilizadas como pontos cantados em muitos templos.

A seguir, há exemplos de itãs, orikis, pontos cantados e uma célebre canção.

Atãs

Obaluaê menino desobedecia à sua mãe. Ela lhe havia dito para não pisar nas flores brancas do jardim onde o menino brincava. Ele pisou de propósito e, quando se deu conta, seu corpo estava cheio de flores brancas, que se transformaram em feridas.

O menino, agora, estava com medo e pedia socorro à mãe, que lhe contou que a varíola lhe havia atacado por ser desobediente, mas que ela o ajudaria.

Então, a mãe de Obaluaê jogou pipocas em seu corpo e as feridas desapareceram.

O menino deixou o jardim tão saudável quanto estava quando havia entrado.

Ao voltar à aldeia natal, Obaluaê viu uma grande festa, com todos os Orixás. Porém, em razão da própria aparência, não ousava entrar na festa. Ogum tentou ajudá-lo, cobrindo-o com uma roupa de palha que escondia até sua cabeça. Obaluaê entrou na festa, mas não se sentia à vontade. Iansã, que tudo acompanhava, teve muita compaixão de Obaluaê.

Então, a senhora dos ventos esperou que Obaluaê fosse para o centro do barracão onde ocorria a festa e os Orixás dançavam animados. Soprou as roupas de Obaluaê, as palhas se levantaram com o vento, as feridas de Obaluaê pularam, numa chuva de pipoca.

Obaluaê, agora um jovem bastante atraente, tornou-se amigo de Iansã Igbale, reinando ambos sobre os espíritos (eguns).

Omulu foi abandonado por sua mãe, Nanã, numa gruta, perto da praia, e criado por Iemanjá, que lavou suas feridas com a água do mar, cujo sal as secou. Para quem ninguém visse as cicatrizes, fez para ele uma roupa de ráfia.

Omulu seguia pelas aldeias, ora dando saúde, ora deitando doenças.

Iemanjá pensou que seu filho adotivo estava curado e vigoroso, mas não podia ser pobre. Então, bastante próspera, lhe deu pérolas.

Omulu tornou-se rico, trazendo sob a roupa de ráfia muitos colares de pérolas. Passou a ser conhecido como Jeholu, isto é, o Senhor das Pérolas.

Os três itãs tratam das dores de Obaluaê (inclusive criança) e Omulu, de sua cura e redenção.

Oriki

O oriki a seguir é uma transcrição do iorubá para o português feita por Antonio Risério.

Oriki de Omulu

Ele desperta e presto apanhá o patuá.
Elefante que fere não conhece ferida.
Nos achamos no mato e puxamos machado.
Esta árvore é odã ou não é?
Mete o machado e verás.
Ele vai devagar e dá na cara da criança.

Escorpião tem ferrão arqueado
Cobra não conversa com malcriado.
Ente potente.
Ele cai e – feito espinho – fecha o caminho.
Com a testa de Oluô ele mói Elegbá
Com Ojubonã dilacera Xugudu
Mata um ijebu que tinha axé e voz dentro da boca.

Por ser Orixá mais velho, sisudo mesmo, Omulu gosta de tudo certo, organizado, respeitoso.

Pontos cantados

Meu padrinho Obaluaê
O que vós quer para comer?
Quero pipoca estourada no azeite de dendê
Também quero um copo d´água para meus filhos benzer
Meu padrinho Obaluaê
O que vós quer para comer?
Quero farinha amarela no azeite de dendê
Também quero um copo d´água para meus filhos benzer
Omulu ê, Omuluá
Omulu ê, Omulu é Orixá
Cadê a chave do baú?
Tá com o velho Omulu

Pai Curador, Omulu abençoa a todos, protege e promove a saúde em todos os níveis (físico, espiritual, psíquico etc.).

Orações

Na oração, mais importantes que as palavras são a fé e o sentimento. Entretanto, as palavras têm força e servem como apoio para expressar devoção, alegria, angústias etc. Por esse motivo, estão elencadas a seguir orações dedicadas a Obaluaê.

Vale lembrar que, tanto na letra (palavras) quanto no espírito (motivação, sentimento), JAMAIS uma prece deve ferir o livre-arbítrio de outrem.

Ademais, ao orar, deve-se também abrir o coração para ouvir as respostas e os caminhos enviados pela Espiritualidade de várias maneiras, durante a própria prece, e ao longo de inúmeros momentos e oportunidades ao longo do dia e da caminhada evolutiva de cada um.

No tocante às orações católicas, as mesmas devem ser compreendidas no contexto dos dogmas e preceitos dessa religião, embora, quem faça uso das mesmas, nem sempre se valha dos conceitos ao pé da letra.

Obaluaê-Omulu
(Compilada por Ernesto Santana)

Dominador das epidemias,
De todas as doenças e da peste,
Omulu, Senhor da Terra,

Obaluaiê, meu pai eterno,

Dai-nos saúde para a nossa mente,

Dai-nos saúde para nosso corpo.

Reforçai e revigorai nossos espíritos

Para que possamos enfrentar todos os males e infortúnios da matéria.

Atotô, meu Obaluaiê...

Atotô, meu velho Pai...

Atotô, Rei da Terra...

Atotô, Babá...

São Lázaro

Ó, Deus, grandeza dos humildes que fizestes são Lázaro distinguir-se pela paciência, dai-nos por suas preces e méritos, a graça de amar-vos sempre, e carregando com Cristo a cruz de cada dia, sejamos livres da mortífera peste que nos aflige o corpo e a alma.

Pelo mesmo Jesus Cristo Nosso Senhor.

Que assim seja.

São Roque

1.

Glorioso São Roque, rogai por nós que, por nossos pecados, não nos atrevemos a apresentar-nos diante de Deus.

Pai-Nosso, Ave-Maria e Glória.

Roque santo, rogai por nós a Deus, que é Pai de misericórdia, agora que estais perto de sua vista na glória celestial.

Pai-Nosso, Ave-Maria e Glória.

São Roque glorioso, apresentai nossas humildes súplicas, unindo-as as da Imaculada Virgem Maria e as de todos os

Santos Franciscanos, para que sejamos ouvidos e possamos dar a todos as graças no nome de Jesus.

Pai-Nosso, Ave-Maria e Glória.

A Cruz santa + sele nossa fronte.

A Cruz santa + sele nossa boca.

A Cruz santa + sele nosso coração.

Pelo amor à cruz que professou São Roque, em cujo sinal livrou aos povos do mal contagioso, livrai-nos, Senhor.

V. Rogai a Cristo, Roque santo, em todas nossas fraquezas.

R. Para que sejamos dignos de suas promessas.

2.

Oh! Deus, que por meio de vosso anjo apresentastes ao Bem-aventurado São Roque uma tábua escrita, prometendo-lhe que qualquer que de Coração lhe invocasse ficaria livre dos estragos da peste, concedei-nos a graça de que celebrando sua gloriosa memória, mediante seus méritos e rogos, sejamos livres de todo contágio tanto de corpo como de alma.

Por Nosso Senhor Jesus Cristo. Amém.

3.

Oh! Glorioso São Roque, que por vosso ardente amor a Jesus haveis abandonado riquezas e honras e buscastes a humilhação, ensinai-me a ser humilde ante Deus e aos homens.

Alcançando-me a graça de apreciar em seu devido valor as riquezas e as honras da vida para que não sejam para mim laços de eterna perdição.

Peço-vos humildemente, oh, glorioso São Roque, para que sejamos dignos de seguir-vos no caminho que leva a salvação eterna.

Livrai-me de toda enfermidade corporal.

Alcançai-me o favor que vos peço se é para honra vossa glória de Deus e salvação de minha alma. Amém.

4.

Misericordiosíssimo e benigníssimo Senhor, que com paternal Providência castigastes nossas culpas, e pela infecção do ar nos tirais a saúde e a vida corporal, para que reconheçamos e humilhemo-nos em vosso acatamento, nos deis a vida espiritual de nossas almas: eu vos suplico humildemente pela intercessão de São Roque, que se for para vossa maior glória, e proveito de nossas almas, guardeis a mim e a toda esta família e pátria de qualquer enfermidade e mal contagioso e pestilento, e nos deis inteira saúde de alma e corpo, para que em vosso santo templo vos bendigamos e perpetuamente vos sirvamos.

E vós, oh! Bem-aventurado Santo, que por exemplo de paciência, e maior confiança em vosso patrocínio, quis Deus que fosseis ferido de pestilência, e que em vosso corpo padecestes o que outros padecem, e de vossos males aprenderias a compadecer-vos dos doentes e socorrestes aos que estavam em semelhante agonia e aflição, olhai-nos com piedosos olhos, e livrai-nos, se nos convém, de toda mortalidade, por meio de vossas fervorosas orações, alcançai-nos a graça do Senhor, para que em nosso corpo são ou enfermo viva nossa alma curada, e por esta vida temporal, breve e caduca cheguemos a eterna e gloriosa, e convosco aproveitemos dela nos séculos dos séculos.

Amém.

5.
São Roque, pelos exemplos que nos destes de pobreza, paciência e caridade com os enfermos, vos imploramos vossa intercessão para imitar-vos e conseguir a proteção de Cristo, Senhor universal; especialmente contra a contaminação dos elementos naturais.

Confiamos que como tantas vezes socorrestes a nossos antepassados, também agora o faças conosco. Amém.

Legislação

Como visto, a Umbanda, oficialmente, nasce do brado de um Caboclo, o Caboclo das Sete Encruzilhadas.

Em memória a esse fato, vejam-se alguns importantes marcos legais para o respeito à liberdade de culto das religiões de matriz africana:

- Constituição Federal de 1988 – artigos 3º, 4º, 5º, 215 e 216;
- Lei 9.459, de 13 de maio de 1997 (injúria racial);
- Lei 10.639, de 09 de janeiro de 2003 (Obrigatoriedade da inclusão da temática História e Cultura Afro-brasileira no currículo oficial da rede de ensino.);
- Lei 10.678, de 23 de maio de 2003 (Cria a Secretaria de Políticas de Promoção da Igualdade Racial.);
- Decreto 4.886, de 20 de novembro de 2003 (Instituição da Política Nacional de Promoção da Igualdade Racial.);
- Decreto 5.051, de 19 de abril de 2004 (Promulgação da Convenção 169 da Organização Internacional do Trabalho.);

- Resolução número 1, de 17 de junho de 2004, do Conselho Nacional de Educação (Diretrizes curriculares para educação das relações étnico-raciais e para o ensino de história e cultura afro-brasileira e africana.);
- Decreto 6.040, de 07 de fevereiro de 2007 (Instituição da Política Nacional de Desenvolvimento Sustentável dos Povos e Comunidades Tradicionais.);
- Decreto 6.177, de 1º de agosto de 2007 (Promulga a Convenção sobre a Proteção e Promoção da Diversidade das Expressões Culturais da Organização das Nações Unidas para a Educação, a Ciência e a Cultura – UNESCO.);
- Portaria 992, de 13 de maio de 2009 (Instituição da Política Nacional de Saúde Integral da População Negra.);
- Decreto 6.872, de 04 de junho de 2009 (Instituição do Plano Nacional de Promoção da Igualdade Racial.);
- Lei 12.288, de 20 de julho de 2010 (Estatuto da Igualdade Racial);
- Decreto 7.271, de 25 de agosto de 2010 (Diretrizes e objetivos da Política Nacional de Segurança Alimentar e Nutricional.).
- No dia 16 de maio de 2012 foi instituído pela presidenta Dilma Rousseff o dia Nacional da Umbanda (Lei 12.644). O projeto original é do deputado federal Carlos Santana (PL 5.687/2005). A data celebra as comunicações do Caboclo das Sete Encruzilhadas, por meio de Zélio Fernandino de Moraes, numa sessão

espírita, quando o referido Caboclo anunciou sua missão seria estabelecer um culto em que espíritos de negros e índios pudessem trabalhar conforme as diretrizes do Astral. Mesmo antes da instituição da lei federal, diversas cidades brasileiras, amparadas por leis municipais, já comemoravam oficialmente a data.

Bibliografia

Livros

AFLALO, Fred. *Candomblé: uma visão do mundo*. São Paulo: Mandarim, 1996. 2 ed.

BARBOSA JÚNIOR, Ademir. *A Bandeira de Oxalá – pelos caminhos da Umbanda*. São Paulo: Nova Senda, 2013.

_____. *Curso essencial de Umbanda*. São Paulo: Universo dos Livros, 2011.

_____. *O essencial do Candomblé*. São Paulo: Universo dos Livros, 2011.

_____. *Guia prático de plantas medicinais*. São Paulo: Universo dos Livros, 2005.

_____. *Mitologia dos Orixás: lições e aprendizados*. São Bernardo do Campo: Anúbis, 2014.

_____. *Nanã*. São Bernardo do Campo: Anúbis, 2014.

_____. *Novo Dicionário de Umbanda*. São Paulo: Nova Senda, 2014.

_____. *Obaluaê*. São Bernardo do Campo: Anúbis, 2014.

_____. *Oxumaré*. São Bernardo do Campo: Anúbis, 2014.

_____. *Para conhecer a Umbanda*. São Paulo: Universo dos Livros, 2013.

_____. *Para conhecer o Candomblé*. São Paulo: Universo dos Livros, 2013.

_____. *Reiki: A Energia do Amor*. São Paulo: Nova Senda, 2014.

_____. *Transforme sua vida com a Numerologia*. São Paulo: Universo dos Livros, 2006.

_____. *Umbanda – um caminho para a Espiritualidade*. São Bernardo do Campo: Anúbis, 2014.

_____. *Xangô*. São Paulo: Universo dos Livros, 2013.

_____. *Xirê: orikais – canto de amor aos orixás*. Piracicaba: Editora Sotaque Limão Doce, 2010.

BARCELLOS, Mario Cesar. *Os Orixás e a personalidade humana*. Rio de Janeiro: Pallas, 2007. 4 ed.

BORDA, Inivio da Silva et al. (org.). *Apostila de Umbanda*. São Vicente: Cantinho dos Orixás, s/d.

CABOCLO OGUM DA LUZ (Espírito). *Ilê Axé Umbanda*. São Bernardo do Campo: Anúbis, 2011. Psicografado por Evandro Mendonça.

CACCIATORE, Olga Gudolle. *Dicionário de Cultos Afro-brasileiros*. Rio de Janeiro: Forense Universitária, 1977.

CAMARGO, Adriano. *Rituais com ervas: banhos, defumações e benzimentos.* Rio de Janeiro: Livre Expressão, 2013. 2 ed.

CAMPOS JR., João de. *As religiões afro-brasileiras: diálogo possível com o cristianismo.* São Paulo: Editora Salesiana Dom Bosco, 1998.

CARYBÉ. *Iconografia dos deuses africanos no Candomblé da Bahia.* São Paulo: Editora Raízes, 1980. (Com textos de Jorge Amado, Pierre Verger e Valdeloir Rego.)

CHEVALIER, Jean e GHEERBRANT, Alain (orgs.). *Dicionário de símbolos.* Rio de Janeiro: José Olympio, 2008. Tradução: Vera da Costa e Silva et al. 22 ed.

CIPRIANO DO CRUZEIRO DAS ALMAS (Espírito). *O Preto Velho Mago: conduzindo uma jornada evolutiva*. São Paulo: Madras, 2014. Psicografado por André Cozta.

CONGO, Pai Thomé do (Espírito). *Relatos umbandistas*. São Paulo: Madras, 2013. Anotações por André Cozta.)

CORRAL, Janaína Azevedo. *As Sete Linhas da Umbanda*. São Paulo: Universo dos Livros, 2010.

_____. *Tudo o que você precisa saber sobre Umbanda* (volumes 1, 2 e 3). São Paulo: Universo dos Livros, 2010.

FAUR, Mirella. *Mistérios nórdicos: deuses, runas, magias, rituais*. São Paulo: Pensamento, 2007.

FERAUDY, Roger. (Obra mediúnica orientada por Babajiananda/PaiTomé.) *Umbanda, essa desconhecida*. Limeira: Editora do Conhecimento, 2006. 5 ed.

D´IANSÃ, Eulina. *Reza forte*. Rio de Janeiro: Pallas, 2008. 4 ed.

LEONEL (Espírito) e Mônica de Castro (médium). *Jurema das Matas*. São Paulo: Vida & Consciência, 2011.

LIMAS, Luís Filipe de. *Oxum: a mãe da água doce*. Rio de Janeiro: Pallas, 2007.

LINARES, Ronaldo (org.). *Iniciação à Umbanda*. São Paulo: Madras, 2008.

_____. *Jogo de Búzios*. São Paulo: Madras, 2007.

LOPES, Nei. *Enciclopédia brasileira da Diáspora Africana*. São Paulo: Selo Negro, 2004.

LOURENÇO, Eduardo Augusto. *Pineal, a glândula da vida espiritual – as novas descobertas científicas*. Limeira: Editora do Conhecimento, 2010.

MAGGIE, Yvonne. *Guerra de Orixá: um estudo de ritual e conflito*. Rio de Janeiro: Jorge Zahar Editor, 2001. 3 ed.

MALOSSINI, Andrea. *Dizionario dei Santi Patroni*. Milano: Garzanti, 1995.

MARTÍ, Agenor. *Meus oráculos divinos: revelações de uma sibila afrocubana*. Rio de Janeiro: Bertrand Brasil, 1994. (Tradução de Rosemary Moraes.)

MARTINS, Cléo. *Euá*. Rio de Janeiro: Pallas, 2001.

_____. *Nanã*. Rio de Janeiro: Pallas, 2001.

MARTINS, Giovani. *Umbanda de Almas e Angola*. São Paulo: Ícone, 2011.

_____. *Umbanda e Meio Ambiente*. São Paulo: Ícone, 2014.

MARSICANO, Alberto e VIEIRA, Lurdes de Campos. *A Linha do Oriente na Umbanda*. São Paulo: Madras, 2009.

MOURA, Carlos Eugênio M. de (org). *Candomblé: religião do corpo e da alma*. Rio de Janeiro: Pallas, 2000.

_____. *Culto aos Orixás, Voduns e Ancestrais nas Religiões Afro-brasileiras*. Rio de Janeiro: Pallas, 2006.

MUNANGA, Kabengelê e GOMES, Nilma Lino. *Para entender o negro no Brasil de hoje: história, realidades, problemas e caminhos*. São Paulo: Global: Ação Educativa Assessoria, Pesquisa e Informação, 2004.

NAPOLEÃO, Eduardo. *Yorùbá – para entender a linguagem dos orixás*. Rio de Janeiro: Pallas, 2010.

NASCIMENTO, Elídio Mendes do. *Os poderes infinitos da Umbanda*. São Paulo: Rumo, 1993.

NEGRÃO, Lísias. *Entre a cruz e a encruzilhada*. São Paulo: Edusp, 1996.

OMOLUBÁ. *Maria Molambo na sombra e na luz*. São Paulo: Cristális, 2002. 10 ed.

ORPHANAKE, J. Edson. *Os Pretos-Velhos*. São Paulo: Pindorama, 1994.

OXALÁ, Miriam de. *Umbanda: crença, saber e prática*. Rio de Janeiro: Pallas, 2007. 2 ed.

PARANHOS, Roger Bottini (Ditado pelo espírito Hermes.). *Universalismo crístico*. Limeira: Editora do Conhecimento, 2007.

PIACENTE, Joice (médium). *Dama da Noite*. São Paulo: Madras, 2013.

_____. *Sou Exu! Eu sou a Luz*. São Paulo: Madras, 2013.

PINTO, Altair. *Dicionário de Umbanda*. Rio de Janeiro: Livraria Editora Eco, 1971.

PIRES, Edir. *A Missionária*. Capivari: Editora EME, 2006.

PORTUGAL FILHO, Fernandez. *Magias e oferendas afro-brasileiras*. São Paulo: Madras, 2004.

PRANDI, Reginaldo. *Mitologia dos Orixás*. São Paulo: Companhia das Letras, 2001.

RAMATÍS (Espírito) e PEIXOTO, Norberto (médium). *Chama crística*. Limeira: Editora do Conhecimento, 2004. 3 ed.

_____. *Diário mediúnico*. Limeira: Editora do Conhecimento, 2009.

_____. *Evolução no Planeta Azul*. Limeira: Editora do Conhecimento, 2005. 2 ed.

_____. *Mediunidade e sacerdócio*. Limeira: Editora do Conhecimento, 2010.

_____. *A Missão da Umbanda*. Limeira: Editora do Conhecimento, 2006.

_____. *Umbanda de A a Z*. Limeira: Editora do Conhecimento, 2011. (Org.: Sidnei Carvalho.)

_____. *Umbanda pé no chão*. Limeira: Editora do Conhecimento, 2005.

_____. *Vozes de Aruanda*. Limeira: Editora do Conhecimento, 2005. 2 ed.

RIBEIRO, Darcy. *O povo brasileiro: a formação e o sentido do Brasil*. São Paulo: Companhia das Letras, 1995. 2 ed.

RISÉRIO, Antonio. *Oriki Orixá*. São Paulo: Perspectiva, 1996.

RUDANA, Sibyla. *Os mistérios de Sara: o retorno da Deusa pelas mãos dos ciganos*. São Paulo: Cristális, 2004.

SAMS, Jamie. *As cartas do caminho sagrado*. Rio de Janeiro: Rocco, 2003. (Tradução de Fabio Fernandes.)

SALES, Nívio Ramos. *Búzios: a fala dos Orixás*. Rio de Janeiro: Pallas, 2005. 2 ed.

SANTANA, Ernesto (Org.). *Orações umbandistas de todos os tempos*. Rio de Janeiro: Pallas, 2006. 4 ed.

SANTOS, Orlando J. *Orumilá e Exu*. Curitiba, Editora Independente, 1991.

SARACENI, Rubens. *Rituais umbandistas: oferendas, firmezas e assentamentos*. São Paulo: Madras, 2007.

SELJAN, Zora A. O. *Iemanjá: Mãe dos Orixás*. São Paulo: Editora Afro-brasileira, 1973.

SILVA, Carmen Oliveira da. *Memorial Mãe Menininha do Gantois*. Salvador: Ed. Omar G., 2010.

SILVA, Vagner Gonçalves da. *Candomblé e Umbanda: caminhos da devoção brasileira*. São Paulo: Ática, 1994.

SOUZA, Leal de. *O Espiritismo, A Magia e As Sete Linhas de Umbanda*. Limeira: Editora do Conhecimento, 2008. 2 ed.

_____. *Umbanda Sagrada*. São Paulo: Madras, 2006. 3 ed.

SOUZA, Marina de Mello. *África e Brasil Africano*. São Paulo: Ática, 2008.

SOUZA, Ortiz Belo de. *Umbanda na Umbanda*. São Paulo: Editora Portais de Libertação, 2012.

TAQUES, Ivoni Aguiar (Taques de Xangô). *Ilê-Ifé: de onde viemos*. Porto Alegre: Artha, 2008.

TAVARES, Ildásio. *Xangô*. Rio de Janeiro: Pallas, 2002. 2 ed.

VVAA. *Educação Ambiental e a Prática das Religiões de Matriz Africana*. Piracicaba, 2011. (cartilha)

VVAA. *Orientações e Ações para a Educação das Relações Étnico-Raciais*. Brasília: SECAD, 2006.

VVAA. *Plano Nacional de Desenvolvimento Sustentável dos Povos e Comunidades Tradicionais de Matriz Africana 2013-2015*. Brasília: Secretaria de Políticas de Promoção da Igualdade Racial, 2013.

VERGER, Pierre. *Orixás – deuses iorubás na África e no Novo Mundo*. Salvador: Corrupio, 2002. (Tradução de Maria Aparecida da Nóbrega.) 6 ed.

WADDELL, Helen (tradução). *Beasts and Saints*. London: Constable and Company Ltd., 1942.

Jornais e revistas

A sabedoria dos Orixás – volume I, s/d.
Folha de São Paulo, 15 de julho de 2011, p. E8.
Jornal de Piracicaba, 23 de janeiro de 2011, p. 03.
Revista Espiritual de Umbanda – número 02, s/d.
Revista Espiritual de Umbanda – Especial 03, s/d.
Revista Espiritual de Umbanda – número 11, s/d.

Sítios na internet

http://alaketu.com.br
http://aldeiadepedrapreta.blogspot.com
http://answers.yahoo.com

http://apeuumbanda.blogspot.com
http://babaninodeode.blogspot.com
http://catolicaliberal.com.br
http://centropaijoaodeangola.net
http://colegiodeumbanda.com.br
http://comunidadeponteparaaliberdade.blogspot.com.br
http://espaconovohorizonte.blogspot.com.br/p/aumbanda-umbanda-esoterica.html
http://eutratovocecura.blogspot.com.br
http://fogoprateado-matilda.blogspot.com.br
http://umbandadejesus.blogspot.com.br
http://fotolog.terra.com.br/axeolokitiefon
http://jimbarue.com.br
http://juntosnocandomble.blogspot.com
http://letras.com.br
http://luzdivinaespiritual.blogspot.com.br
http://mundoaruanda.com
http://ocandomble.wordpress.com
http://ogumexubaraxoroque.no.comunidades.net
http://okeaparamentos.no.comunidades.net
http://opurgatorio.com
http://orixasol.blogspot.com
http://oyatopeogumja.blogspot.com
http://povodearuanda.blogspot.com
http://povodearuanda.com.br
http://pt.fantasia.wikia.com
http://pt.wikipedia.org
http://religioesafroentrevistas.wordpress.com
http://templodeumbandaogum.no.comunidades.net
http://tuex.forumeiros.com

http://xango.sites.uol.com.br
http://www1.folha.uol.com.br
http://www.brasilescola.com
http://www.desvendandoaumbanda.com.br
http://www.dicio.com.br
http://www.genuinaumbanda.com.br
http://www.guardioesdaluz.com.br
http://www.igrejadesaojorge.com.br
http://www.ileode.com.br
http://www.kakongo.kit.net
http://www.maemartadeoba.com.br
http://www.oldreligion.com.br
http://www.oriaxe.com.br
http://www.orunmila.org.br
http://www.pescanordeste.com.br
http://www.priberam.pt
http://www.religiosidadepopular.uaivip.com.br
http://www.siteamigo.com/religiao
http://www.terreirodavobenedita.com
http://www.tuccaboclobeiramar.com.br

O autor

Ademir Barbosa Júnior (Dermes) é autor de diversos livros e revistas especializadas, idealizador e um dos coordenadores do Fórum Municipal das Religiões Afro-brasileiras de Piracicaba.

Mestre em Literatura Brasileira pela Universidade de São Paulo, onde também se graduou em Letras, é autor de diversos livros. Mestre em Reiki, é tarólogo e numerólogo.

Umbandista, é filho do Templo de Umbanda Caboclo Pena Branca e Mãe Nossa Senhora Aparecida, em Piracicaba (SP). Terapeuta holístico, ex-seminarista salesiano, com vivência em casas espíritas, participa amorosamente do diálogo ecumênico e inter-religioso e mantém uma coluna sobre Espiritualidade no sítio Mundo Aruanda.

Coordenador Cultural do "Projeto Tambores no Engenho", desenvolvido pela Federação de Umbanda e Candomblé Mãe Senhora Aparecida e pelo Templo de Umbanda Caboclo Pena Branca e Mãe Nossa Senhora Aparecida, acredita que a postura mais interessante na vida é a de aprendiz. É membro da 1ª gestão do Conselho de Participação e Desenvolvimento da Comunidade Negra de Piracicaba, tendo participado da comissão responsável pela implementação do mesmo. Produziu os curtas-metragens "Águas da Oxum" (Adjá Produções/fora de catálogo); "Mãe dos Nove Céus" (Bom Olhado Produções), "Mãe dos Peixes, Rainha do Mar" (Bom Olhado Produções) e "Xangô" (Bom Olhado Produções).

Coordena o curso virtual "Mídia e Religiosidade Afro--brasileira" (EAD Cobra Verde – Florianópolis – SC). Em 2012 recebeu o Troféu Abolição (Instituto Educacional Ginga – Limeira, SP). Em 2013, o Diploma Cultura de Paz – Categoria Diálogo Inter-religioso (Fundação Graça Muniz – Salvador, BA). É presidente da Associação Brasileira de Escritores Afro--religiosos – Abeafro.

Outras publicações

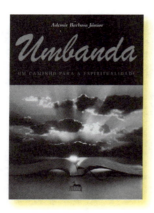

UMBANDA – UM CAMINHO PARA A ESPIRITUALIDADE

Ademir Barbosa Júnior (Dermes)

Este livro traz algumas reflexões sobre a Espiritualidade das Religiões de Matriz Africana, notadamente da Umbanda e do Candomblé. São pequenos artigos disponibilizados em sítios na internet, notas de palestras e bate-papos, trechos de alguns de meus livros.

Como o tema é amplo e toca a alma humana, independentemente de segmento religioso, acrescentei dois textos que não se referem especificamente às Religiões de Matriz Africana, porém complementam os demais: "Materialização: fenômeno do algodão" e "Espiritualidade e ego sutil".

Espero que, ao ler o livro, o leitor se sinta tão à vontade como se pisasse num terreiro acolhedor.

Formato: 16 x 23 cm – 144 páginas

Outras publicações

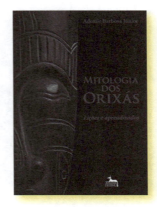

MITOLOGIA DOS ORIXÁS – LIÇÕES E APRENDIZADOS

Ademir Barbosa Júnior (Dermes)

O objetivo principal deste livro não é o estudo sociológico da mitologia iorubá, mas a apresentação da rica mitologia dos Orixás, que, aliás, possui inúmeras e variadas versões.

Não se trata também de um estudo do Candomblé ou da Umbanda, embora, evidentemente, reverbere valores dessas religiões, ditas de matriz africana.

Foram escolhidos alguns dos Orixás mais conhecidos no Brasil, mesmo que nem todos sejam direta e explicitamente cultuados, além de entidades como Olorum (Deus Supremo iorubá) e as Iya Mi Oxorongá (Mães Ancestrais), que aparecem em alguns relatos.

Formato: 16 x 23 cm – 144 páginas

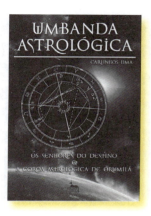

UMBANDA ASTROLÓGICA – OS SENHORES DO DESTINO E A COROA ASTROLÓGICA DE ORUMILÁ

Carlinhos Lima

Este livro trata-se de uma visão do horóscopo zodiacal sobre o prisma da Umbanda, da mesma forma que é uma visão do orixá por meio do saber astrológico. Mas, além dessa interação Umbanda-Astrologia, o livro também foca e revela outros oráculos, especialmente os mais sagrados para os cultos afro-brasileiros que são o Ifá e Búzios. Nesse contexto oracular, trazemos capítulos que falam de duas técnicas inéditas de como adentrar o mundo dos odus, utilizando o zodíaco: a primeira é a Ifástrologia que utiliza-se das casas astrológicas do Horóscopo para alinhar os odus e chegarmos a odus que são responsáveis por nossa existência. E a outra é a soma dos odus utilizando a data de nascimento.

Formato: 16 x 23 cm – 256 páginas

Outras publicações

ORIXÁS E SUAS OFERENDAS
Evandro Mendonça

Esta Obra é mais um trabalho do autor, destinada a futuros Babalorixás, Ialorixás, Babalaôs, Pais, Mães e Zeladores de Santos etc. que têm a ânsia, a força de vontade e o direito de aprender os fundamentos religiosos das nações africanas dos Orixás praticadas em solo brasileiro – muitas vezes por egoísmo, falta de conhecimento ou até mesmo para que os futuros Babalorixás, Ialorixás, Babalaôs, Pais, Mães e Zeladores de Santos etc. não fiquem na dependência religiosa do seu feitor, Baba e até mesmo do templo religioso, pois o mesmo acaba não transmitindo todos os seus conhecimentos a seus sucessores.

Dentro da religião africana não existem trabalhos, rituais, magias, oferendas e segredos que não possam ser transmitidos a esses futuros religiosos.

Formato: 16 x 23 cm – 176 páginas

ORIXÁS – SEGURANÇAS, DEFESAS E FIRMEZAS

Evandro Mendonça

Caro leitor, esta é mais uma obra que tem apenas o humilde intuito de somar a nossa Religião Africana. Espero com ela poder compartilhar com meus irmãos e simpatizantes africanistas um pouco mais daquilo que vi, aprendi e escutei dos mais antigos Babalorixás, Yalorixás e Babalaôs, principalmente do meu Babalorixá Miguel da Oyá Bomí. São ensinamentos simples, antigos, porém repletos de fundamento e eficácia na Religião Africana; alguns até mesmo já esquecidos e não mais praticados nos terreiros devido ao modernismo dos novos Babalorixás e Yalorixás e suas vontades de mostrar luxúrias, coisas bonitas e fartas para impressionar os olhos alheios.

Formato: 16 x 23 cm – 192 páginas

Outras publicações

ARSENAL DE UMBANDA

Evandro Mendonça

O livro "Arsenal da Umbanda" e outros livros inspirados pelo médium Evandro Mendonça e seus mentores, visa resgatar a Umbanda no seu princípio básico, que é ligar o homem aos planos superiores. Atos saudáveis como o de acender uma vela ao santo de sua devoção, tomar um banho de descarga, levar um patuá para um Preto-Velho, benzer-se, estão sendo esquecidos nos dias de hoje, pois enquanto uns querem ensinar assuntos complexos, outros só querem saber de festas e notoriedade.

Umbanda é sabedoria, religião, ciência, luz emanada do alto, amor incondicional, crença na Divindade Maior. Umbanda é a própria vida.

Formato: 16 x 23 cm – 208 páginas

ILÊ AXÉ UMBANDA

Evandro Mendonça ditado pelo Caboclo Ogum da Lua

Filhos de Umbanda e meus irmãos em espíritos, como o tempo e o espaço são curtos, vou tentar resumir um pouco de cada assunto dos vários que eu gostaria muito de falar, independentemente da religião de cada um. Não são palavras bonitas e talves nem bem colocadas na ordem certa desta descrita, mas são palavras verdadeiras, que esse humilde Caboclo, portador de muita luz, gostaria de deixar para todos vocês, que estão nesse plano em busca da perfeição do espírito, refletirem.

Formato: 16 x 23 cm – 136 páginas

Dúvidas, sugestões e esclarecimentos
E-mail: ademirbarbosajunior@yahoo.com.br

Distribuição exclusiva

www.aquarolibooks.com.br